裁判官を辞めた今、どうしても伝えておきたいこと
それは……20年後のわが子のための

転ばぬ先のこそだて

内藤　由佳【著】

はじめに

「20 年後の社会…お子さんが独り立ちする頃の社会は、どんな姿だと思いますか？」

　講演会でこのように聞くと、多くの方が「分からない」「想像もつかない」と答えます。
「今より楽な時代だと思いますか？厳しい時代だと思いますか？」
と聞き直すと、ほぼ全員が「厳しい時代」と答えます。
　そして、3つめの質問です。
「そんな 20 年後にも、お子さんが幸せな大人でいられるために、今、していることはありますか？」
　何人もの親御さんが、こんな悩みを漏らしてくれます。
「何とかしたいと思う。でも、どうすればいいのか分からない」
　子どもの幸せな将来を願わない親はいません。
　それなのに、多くの親御さんが、厳しい時代を目の前に、なす術を見いだせず、立ち往生してしまっているのです。

　どんな時代が訪れても、幸せを見いだしていける。そんな心を作るための「転ばぬ先の杖」はないのでしょうか。

✽　　✽　　✽

裁判官として非行少年たちと向き合うなかで、気が付いたことが二つありました。
一つは、裁判所に来る非行少年たちは皆、幸せを見失っているということ。
もう一つは、「幼少期から幸せでなかった子は、ほとんどいない」ということ。非行少年と呼ばれる子どもたちも、その多くは、親に愛され、キラキラと輝く幸せな幼少期を過ごしていたのです。
その子どもたちは、成長するなかで、それぞれ、様々な変化に出会います。その変化に押し流され、幸せを見失った子どもたちが、「非行少年」と呼ばれ、少年審判の席に座っていたのです。

何とかして、少年たちの心に、消えることのない、幸せの火を灯したい。
そう願い、少年たちとの対話を繰り返すなかで、私は一つの考えに行き当たりました。
「少年たちには、欠けている共通の心がある」
「この心こそ、変化に押し流されず、どんな環境の中でも、幸せを見いだせる原動力なのではないか」

それが、この本の第３編、幸せの二本柱の心でした。
私は、少年たちに、そして、審判廷に来る親御さんたちに、少しずつ、それを伝え始めました。
限られた時間でした。全ての少年たちの心に届いたわけではありませんでした。
　それでも、新しい道を見いだし、幸せな未来へ向かおうとしてくれた少年たちもいました。
「もっと早く、聞きたかった」
　そういってくれた方もいました。
　退官後には、地域での講演会を通じ、子育て中のお母様方にお伝えし続けしてきました。 多くの方が共感してくださり、温かい応援の言葉を下さいました。

✻　　✻　　✻

　先が読めず、閉塞感の漂う時代に我が子を送り出す親御さんたちの不安と、非行少年たちの心の問題は、大きく通じるところがあります。環境には頼れない。「環境が良ければ幸せ」では済まない、ということです。

　この本では、私が裁判官として学び、考え、少年たちに伝え続けてきた「幸せな心作り」の知識を、分かりやすく、そして、精一杯お伝えしています。それは、環境と関係なく幸せを見いだせる「全環境対応型」の心を育てる鍵でもあります。愛するお子さんたちが、厳しさの見え隠れする 20 年後、30 年後を幸せに生きる力を身につけるための大きなヒントとなると信じています。
　非行の原因、幸せな心のありかた、更には、過保護・過干渉の問題など、講演会などでお伺いした親御さんの不安や疑問にも、できるだけお答えするように心がけました。

先日、ある方から、「子守り」と「子育て」という話を聞きました。

今のことだけを考え、子どもを育てるのは単なる「子守り」に過ぎない。人生の先輩である親として、20 年後、30 年後の子どもの人生を考え、子どもを育てていくことこそ、本当の「子育て」なのだそうです。

お子さんの中に、どんな時代の中でも、どんな変化が訪れても、幸せを見失わない心を育んであげること。そして、そのために、親御さん自身が、ほんの少しの知識と、確かな目的を持ってあげること。それが、これからの時代を生きる子どもたちのための「転ばぬ先」の「子育て」になるのだと思います。

この本が、皆様と、愛するお子さんたちの幸せな未来の一助となりますことを、心から願っています。

内藤 由佳

※この本の少年に関する記述は、プライバシーに配慮し、一部変更を加えてあります。

＊もくじ＊

第三編 幸せの感性の二本柱

その１ 「自分と社会の本当の関係」

第四編　子どもの「幸せの感性」を育てるために

第一編

子育ての「転ばぬ先」

～少年非行の現場から～

ある非行少年との対話

古本屋でマンガを万引きした高校生が、裁判所にやってきました。

「A君」と呼ぶことにしましょう。

万引きは、初めてではありません。学校はやや遅刻しがちです。

両親ともに健在です。母親も審判に出席して、隣に座っています。

A君の審判の一場面です。

*　　　*　　　*

私　　「万引きした日のことを教えてくれる？」

A君　「ハイ」

私　　「朝はどうしてた？」

A君　「寝てました」

私　　「寝てた？」

A君　「……寒かったし。昼まで寝てました」

私　　「うん。で？」

A君　「お腹がすいたから、起きて、ご飯を食べて」

私　　「ご飯？自分で？」

A君　「いや、お母さんが」

私　　「で？」

Ａ君　　「家は暇だし、外行って、ぶらぶらして……」
私　　　「ぶらぶらしてた」
Ａ君　　「ぶらぶらして、で、マンガでも読みに行くかって……」
私　　　「読みに行こう、と思った」
Ａ君　　「立ち読みしてたけど、家で読もうと思って、コートのポケットに入れて……」
私　　　「うん」
Ａ君　　「そしたら、出口で店員に止められて、で、警察に……」
私　　　「なるほどね。でさ、今、その日のことを振り返って、どう思う？」
Ａ君　　「……何もいいことなかったっていうか……」
私　　　「…何もなかったか……」

＊　　　＊　　　＊

私は、そこで言葉を止めました。

そして、もう一度Ａ君の顔を見つめました。

背は高くもなく、低くもない。髪はよくある髪型で、やや茶髪。

顔立ちも、声も、目立つところはありません。

道を歩いていても、特段目につかないような、「普通の子」です。

隣に座っているお母さんも、まさに、「普通の親」です。

愛情あり。友達あり。犯罪歴なし。当然、虐待歴なし。

普通に生き、普通に子育てをしてきた、普通のお母さんなのです。
普通の親に育てられた、普通の子。
その子が、なぜか万引きを繰り返しているのです。

親子関係も、会話は少ないものの、壊れてはいません。
お母さんは、今回、万引きを防げなかったことの一番の原因は、「子どもの生活の乱れを甘く見ていたこと」と言います。
そして、今後はきちんと朝も起こし、学校にも行くようにさせ、親子の会話を増やしたい、もう一度社会のルールをしっかりと教えていきたい、と。
受け答えからも、表情からも、子どもの将来を本気で心配していることが見て取れます。

対話はさらに続きます。

＊　＊　＊

私　「お金なかったんだっけ？」
A君　「いや……。1000円くらいは」
私　「買おうとか、そういう気には？」
A君　「今思えばそうなんですけど、その時は、何て言うか……」
私　「何て言うか？」
A君　「誰も見てないし、大丈夫かなあって」
私　「前のこと（前に万引きして、つかまったこと）とか、思い出さなかった？」

A 君　　「その時はあまり……。近くに誰もいなかったから」
私　　　「被害者、まあ、お店だよね。お店のこと考えなかった？」
A 君　　「今は思うんですけど。その時は、そこまでは」
私　　　「今は、どう思う？」
A 君　　「まあ……なんていうか、迷惑かけた……」
私　　　「迷惑ね。ところでさ、10 年後の自分…26 歳の自分って、どんなふうになってるかって考えたことある？」
A 君　　「……いや……あまり……」
私　　　「いい機会だよね。考えてみようか、いろいろ」
A 君　　「………」

＊　　　＊　　　＊

この後、私の説教が始まります。

数百円の万引きを取り戻すために、どれだけの労力がいるのか。

今回の件で、誰がどんな思いをしてきたと思うか。

10 年後、20 年後の自分の人生をどう考えているのか……。

A 君は、表情を硬くして、ボソボソっと受け答えをします。

お母さんは、うつむいて、うなずきながら聞いています。

時に、涙ぐんで、目頭を押さえます。

A 君が万引きをはじめたきっかけは、同級生の万引きを見たことでした。見たときは、とても驚いたそうです。

簡単だから、と、同級生から勧められます。
そして、最初の万引きで成功。
同時に、「うまくやればタダでも手に入るのだから、お金を払って買うのはばかばかしい」と思うようになります。
「万引きが原則、買うのが例外」になってしまったのです。
同級生に「コツ」を教わりながら、何回か万引きをするうちに、自分一人でも万引きを始め、繰り返すようになったのです。

母親が万引きに気づいたのは、初めて警察に捕まったときでした。

晴れの日も、雨の日も、幼稚園の送り迎えをして。
病気の時は、自分の寝不足も気にせず看病して。
小学校では、毎日「おかえりなさい」を言って、おやつを出して。
中学生の母親として、普通に進路の心配をして……。
普通の母親として、精一杯愛情をかけて育ててきた子。

まさか、この子が。
それが、お母さんの最初の思いだったようです。

当時、私の子どもは２歳。当然ですが、非行の影すらありません。

でも、私には、このお母さんのこぼす涙が、他人事とは思えませんでした。

このお母さんと、私に、何か違いがあるだろうか？

私は、我が子を審判の席に座らせない自信があるだろうか……？

その疑問が、どうしてもかき消せなかったのです。

ある家出少女の供述調書

16歳の少女が、ある日、家出をしました。
「Bさん」と呼ぶことにしましょう。

数週間後、警察に保護されます。

保護のきっかけは、児童買春……いわゆる援助交際で、買った方の男性がつかまったこと。

保護された時のBさんの姿は、ピンク色のジャージにサンダル履き。髪はぼさぼさした金髪。化粧だけが妙に派手でした。

家出をしてからは、援助交際で食いつないで、カラオケボックスで寝泊まりしたり、コンビニで夜を明かしていたとのこと。

シンナーを吸っていたのでは、という疑いもありました。

そんなBさんの供述調書（警察官や検察官が、取り調べの時に、話したことをもとに作る書類）には、このような身の上話が記されていました。

＊　＊　＊

「私は、12歳までは、本当に普通の、幸せな小学生でした。
ところが、12歳の時、お母さんが急に死んでしまったのです。

お母さんがいなくなったのはとてもショックでした。

でも、それよりもっとつらかったのは、お父さんが全然違う人になってしまったことでした。

お父さんはそれまではやさしかったのに、お母さんが死んでからは、お酒を飲んで八つ当たりをしたり、仕事に行かなかったりするようになりました。

私は家にいるのが嫌になって、できるだけ家に帰らないようにしていました」

そしてある日、Bさんは父親と大喧嘩し、家を飛び出します。

保護した警察官に対しては、悪びれる様子もなく、「家に帰るならホームレスの方がまし」「援助交際は生活のためで当然」と笑いながら言ったそうです。

＊　　　＊　　　＊

12歳の時、母親と死に別れなければ、Bさんの今は、全く違う姿だったことでしょう。

なくなったお母さんも、そして、小学生だったBさん自身も、このような場面はおよそ思い浮かべなかったはずです。

私はBさんと直接は会っていません。

ただ、Bさんの供述調書、そして、保護されたとき、警察官が撮影した少女の写真……全てをあきらめたような目で、へらへらと笑っていたその顔は、ずっと忘れることができませんでした。

生まれながらの「非行タイプ」はない

法律では、20歳未満の未成年を、男女構わず「少年」と呼んでいます。

この少年が犯す犯罪を「非行」と言います（正確には「非行」はもう少し広い意味があります）。

非行少年が受ける裁判のようなものが「審判」です。

審判にはA君のお母さんのように、保護者も出席します。

審判を受けに来る少年たちのタイプは様々。

先ほどのA君はおとなしい感じでしたが、明るい子、快活な子、社交的な子も多くいます。

学力は、非行の時点では落ちている場合が多いものの、小学校まではまじめだった、優秀だった、という子はたくさんいます。

運動のできる子や、音楽など、優れた技能のある子もいます。

家庭環境も様々です。

ひとり親の家庭や、経済的に苦しい家庭もあれば、両親が健在の家庭も多くあります。

親の中には、裕福な人、社会的地位のある人もたくさんいます。

淡泊な感じの親もいれば、子どもにべったりの親もいます。

「非行に走るのは、こんな子どもだ」「非行の原因になるのは、こんな家庭だ」と断言できることは何一つないのです。

中には、幼い子を置いて遊び歩く、愛人を家に連れ込む、子どもに八つ当たりして、暴力をふるうなどなど自分を最優先にして、身勝手に振る舞う親もいました。

とはいえ、それはごく一部の親です。

数にすれば、２割もいないでしょう。

愛情をもって、それなりに手をかけて、きちんと育てるつもりだった親のほうがはるかに多いのです。

子ども自身はなおさらです。

非行少年といって裁判所に来る子たちの中で、幼少期から問題行動を繰り返していた子はほとんどいません。

ほとんどは、小学校まではまじめだった子どもたちでした。

幼い頃は、歌を歌って、砂遊びをして、「大きくなったら○○になる！」と夢を描いて…。みんながみんな、その子なりに、輝いていたのです。

非行の背後には「変化」がある

なぜ、まじめな子が、非行の道へ走ってしまうのでしょうか。

誰であっても、生きている限り、大なり、小なり、いろいろな変化に行き当たります。

変化がなければ、何の問題もなく、順調に回り続けていた歯車……それが、何かの変化をきっかけとして、ときには少しずつ、ときには一気にかみ合わなくなり、人生を思わぬ方向へと動かしてしまいます。

多いのは、離婚や失業などの家族の問題です。

先ほどのＢさんのような、死別もあります。

小さな変化の場合もあります。

例えば、新しい友達との出会い。

先ほどのＡ君も、数カ月前までは、普通の高校生でした。

ところが、高校で出会った一人の同級生が、たまたま万引き常習者で、Ａ君をも万引きに引き込んでしまったのです。

変化と思えないような、日常的なこともあります。

例えば、母親の仕事が忙しくなり、帰宅時間が遅くなったこと。

６時だった帰宅時間が７時になったとします。

母も子も、最初はたいしたことではないと思っています。

ところが、その1時間で、家庭環境は大きく変わります。

夕飯をまともに用意できない。家族一緒にご飯を食べられない。それまでとれていた親子のコミュニケーションが減っていく。親が多忙になって、子どもの話に十分耳を傾けられなくなる。

子どもは子どもで、その変化が納得できず、「親は自分より仕事を大事にするようになった」とどんどん不満をためていく。

親は親で、「私も大変なのに」といらだってくる…。

悪循環が始まってしまうのです。

忘れてならないのは、誰にでも訪れる、心の変化です。

10代になれば、反抗期や思春期が来ます。

大人として自立するための、大事な成長過程です。

ところが、ここにも大きな注意点があります。

親の愛で支える、ということが限界にぶつかるのです。

このころには、子どもは親と対等の立場を求めます。

それでも、お金の面では親に頼っていることを歯がゆく思う子も多くいます。その中で、精神面まで親に支えてもらう、愛してもらう、ということに抵抗が出てくるのです。

親は今までどおり「あなたを愛している」と伝えていても、子どもの方がその愛を素直に受信できなくなってしまうのです。

同時に、子どもの欲求が変わってきます。

幼かった頃は、安価なおもちゃやお菓子で満足していたものの、年齢が上がればほしい物もどんどん高価になっていきます。無計画に物を買い与える甘やかし型の育児の多くは、ほとんどここで破綻します。そして、子どもは「買ってもらえる＝愛情」と思いこんでいるので「買ってもらえない＝愛情不足」と不信に陥るのです。

非行から立ち直るには、大きなエネルギーがいる

悪い方向へ回り出した歯車は、時に、親すらも気がつかないところで、どんどん加速していきます。

悲しいことに、歯車がおかしくなり始めた瞬間には、親は他の何かに忙殺されていたり、子どもの変化に気づかなかったりして、子どもを守ってあげることができません。

A君のお母さんも、おとなしい我が子が万引きを繰り返しているとは夢にも思っていませんでした。

Bさんのように、守ってくれるはずの母親自身が、いなくなってしまう場合すらあります。

親も一人の人間に過ぎません。電気のブレーカーのように四六時中、子どもの心を監視して、無理がかかれば自動でストッ

プをかける…とはいかないのです。「その時に、何とかすればいい」は、とても危ない橋なのです。

歯車が悪い方向への回転を始めると、もう一度いい方向に転換するには、かなりのエネルギーがいります。

非行が進み、歯車が加速すればするほど、直すのに必要なエネルギーも莫大なものになっていきます。

兄弟のようにつきあっていた不良仲間。「不良」「関わり合いになりたくない」という周りからのレッテル。自分の過ちと向き合うことの怖さ……。

その大変さに負けて、一度は立ち直ろうと決意しても、結局は不良グループの中に帰ってしまう子もいます。

病気と一緒なのです。悪化すればするほど、治療は大変になっていくのです。

変化を避けることはできない

私たちはなぜか、「今」のこの環境がいつまでも続くかのように錯覚してしまいがちです。

今日が健康なら、明日も健康であるかのように。

今日が平和で豊かなら、明日も平和で豊かであるかのように……。

ところが、変化は容赦なく訪れます。

普通に生きていても、子どもは成長や進学で変化を体験し、私たちも、間違いなく年をとっていきます。事故や病気で、昨日までの平穏な暮らしを突然奪われた人も多くいます。先ほどのＢさんのように、大事な人との突然の別れもあり得ないとは言えません。

生きている限り、誰であっても、望まない変化…苦難にぶつかります。どんなに避けようと頑張っても、全ての変化を避けることはできません。

生きている限り、病気のウィルスに触れないわけにはいかないのと同じです。「変化」という様々なウィルスにあふれた世界で、どうやってそれに負けずに生きていくかを考え、備えていかなくてはならないのです。

Ａ君は、万引きに誘う友達がいなければ、裁判所に来ることもなかったのかもしれません。

それでも、自分と関わる人をすべて選べる人はいません。

本当に必要なのは、友達の誘いを断る心の強さだったはずです。

そして、母の死以来、過酷な環境に生きてきたＢさん。

Ｂさんだって、たったの 12 歳で、母親と死に別れたくなかったはずです。Ｂさんのお母さんだって、小学生の娘を残してこの世を去るなど、決して望まなかったでしょう。

母親が亡くなってしまったから……。

父親が、そのショックで変貌してしまったから……。

Ｂさんまでもが、若い体をお金に換えて生きていかなければならなかったのでしょうか。

それ以外の道も、きっとあったはずなのです。

病気には、「予防」という方法があります。

一つは、人混みを避けたり、手洗いをしたりして、病原菌との接触を減らすという予防。「環境面での予防」です。

そして、もう一つは、日々の生活を工夫して、体力や免疫力を上げて、病原菌に負けない健やかな体を作るという予防。「体作りでの予防」です。

非行や挫折も、一つの心の病です。

非行や挫折にも、そうなりやすい環境におかないという予防法、つまり「環境面での予防」はあります。

ところが、「ウィルスに触れない生活」に限界があるように、「非行に走りにくい環境作り」にはどうしても限界があります。

「体作り」ならぬ「心作り」での予防が必要なのです。

環境よりも、心の習慣を

私たちが生身の人間であり、社会が変化し続けている以上、「今」の形はどんどん変わっていきます。

今は恵まれていて、「非行に走りにくい」「挫折しにくい」環境にあっても、10年後、15年後も必ずそうだとは限りません。「物」や「環境」は、実は、とてももろく、壊れやすいのです。

だからといって、全ての人が環境に流されるままに生き、変化に負けているわけでもありません。同じような変化や苦難に遭っても、それに負けて、くじけてしまう人と、乗り越えていける人がいます。その違いは、受け止める心の習慣の差です。

人の心には、それぞれ、「感じ方」「受け止め方」という心の習慣があります。心の習慣は、ものや出来事にどのような色を付けて、人生の材料にしていくかを決める変換器のようなものです。

「環境」や「出来事」が、そのまま人の人生を左右しているわけではなく、まずは、その人の心の習慣という変換器を通り、「嬉しい」「嫌だ」「希望がもてる」「もうだめだ」など、いろいろな色を付けられます。そして、そうやって心の習慣で変換されたものが、その人の幸せ・不幸せに、ひいては人生そのものに影響を及ぼしているのです。

　例えば、希望した就職先で不採用になった場合を考えてみましょう。
「自分は無力だ、社会の被害者だ」という心の習慣を持っている人は、それだけで、いらだち、失望し、「面接官の偏見だ」「家族が非協力的だったからだ」などと他人を恨んだり、採用された人に嫉妬したりします。うまく他の就職先が見つかったとしても「望んだ仕事ではない」と、不満を感じながら過ごし、うまくいかないことがあると、望んだ就職ができなかったせいだ、と過去の出来事のせいにします。
　どんな環境も、出来事も、このような人を幸せにはしません。

「自分は頑張れる、自分は支えられている」という心の習慣を持っている人は違います。不採用を知った瞬間は、いらだったり、失望を感じたりすることもあるでしょう。ただ、それは自分の力が及ばなかったからだと自覚でき、人のせいにはしません。そして、これまでの頑張りや、周りの人々の支えを思い、次の就職に向けて努力します。他の就職ができれば、採用されたことに感謝し、うまくいかないことがあっても、自分の努力で変えていこうとします。
　このような心の習慣の持ち主であれば、厳しい環境の中でも、困難な出来事にぶつかっても、幸せの糸口を見いだし、未来へのステップにしていけるのです。

　環境はどんどん変わっていきますが、それを受け止める心の習慣は、習慣ですから、簡単には変わりません。
　その心の習慣が、日々の数多くの出来事を全て受け止め、色づけ、意味づけをし、意味づけられた結果が、心の奥に入って人生を作っていきます。人生に直接、そして大きく影響を与えているのは、環境ではなく、その人の心の習慣なのです。

非行少年たちの共通点は心

　家族関係も、友人関係も、本人の能力も、性格も様々な非行少年たち。彼らを取り巻く環境のどこを見ても、全員に共通する点など見つかりませんでした。
　ただ、少年たちと会うたびに、いつも感じることがありました。
「幸せそうでない」
　ということでした。
　学校を休み、親にお金をもらって、毎日やりたい放題をする。仲間とバイクで暴走して、大騒ぎをする…「楽しい」ことをしている時ですら、いっときの楽しみで終わり、「幸せ」として噛みしめられることがありませんでした。
　彼らの心には、人生は自分で切り拓いていけるという自信も、支えられているという思いもなく、あきらめや、他人への不満が渦巻いていました。
　親が口うるさいから悪い。小遣いが少ないから悪い。学校が面白くないから悪い。社会が冷たいから悪い。ルールを守って生きても、どうせいいことはない…少年たちの心は、完全な「被害者」になってしまっていたのです。だからこそ、彼らは、幸せを感じることも、噛みしめようとすることもなく、今のことだけを考え、楽な方、頑張らない方へと逃げていたのです。

非行少年のような「問題児」を見ると、ほとんどの人は「環境に原因がある」と考えて、環境面での原因を探ろうとします。

家庭環境が悪い、友達関係が悪い、学力の低さが悪い、経済状態が悪い、過去の虐待経験が悪い、など、様々な原因を考えます。

私もそうでした。あれこれと「原因」を考えては、環境を改善させようとしました。

ところが、それは、本当の解決方法ではありませんでした。彼らは相変わらず「被害者」のままでした。環境を原因にするのは、「頑張れないのは環境のせい」と認めてしまっているだけだったのです。

本当に変わらなければならなかったのは、少年たちの心…幸せを感じられない心のあり方であり、環境を改善することは、心に働きかける手段の一つに過ぎなかったのです。

心はいくらでも変えられる

原因は心。だから、心に働きかける。心を変えてもらう。

それは、少年たちを助けたいと願う私にとっても、暗闇に差し込んだ一条の光でした。

環境は、「事実そのもの」です。家族の対話不足や、親の言葉がけのしかたのように、変えられる部分は、当然話し合って変えていきます。

ところが、環境は変えられるものばかりではありません。

むしろ、大きな傷を残している出来事ほど、変えられないのです。

別れた両親を元に戻すことも、貧しい家庭を豊かにすることも、過去の虐待経験を消し去ることも、できないのです。

心はそうではありません。自分に起こった出来事をどう受け止めるか、自分の環境をどう感じるかは「評価」です。評価はいくらでも変えることができます。これまで不幸と思っていたことを、幸せへのバネに変えることもできるのです。

変えらない環境がある。たくさんある。それならば、心を変えよう。いろいろな出来事を「幸せ」に変えることができる心の習慣を、ほんの少しでも、伝えてあげよう。

それが、私の得た答えでした。

批判の声もありました。

「非行は傷つけられた結果であり、本人の心のせいではない」「非行少年たちの過酷な状況を分かっていない」という声でした。

環境のせいにするのは簡単です。被害者として同情し、「これ以上頑張らなくていい」と慰めるのは、言う方も気が楽です。

ただ、「こんな環境だったら仕方がない」とあきらめてしまうことは、少年自身を救ってはくれません。今は頑張らなくていいとしても、彼らはこの後、何十年も生きていくのです。

どこかで頑張らなければ、本当の幸せをつかむことはできません。

心を変えるというのは、人格を否定することでも、無理を強いることでもありません。

その子の人生という「事実」を丸ごと認めます。

家庭環境が恵まれていないというなら、その事実。成績が学校で最下位なら、その事実。愛されず、虐待されてきたなら、その事実。全て、事実は事実です。そして、その中で苦しんできたことも、現実から逃げ、非行に走ってしまったことも事実です。全て認めます。

その上で、苦しさにも出口があることを伝え、気づかずにいた幸せを教えてあげること。それが心を変えるということ、心に働きかけるということなのです。

「この部屋はひどく暑い。君は今まで、窓があることも知らず、こんな蒸し暑い部屋で苦しんでいたのだね。苦しかったろう。そこに窓がある。あけてごらん。風が通って気持ちがいいだろう。」

この一声をかけてあげることなのです。

これからの時代を幸せに生きるには

今の子どもたちが成人し、独り立ちしていく20年後。

講演会で「20年後はどういう時代だと思いますか？」と聞くと、多くの方が「わからない」「予想もつかない」と答えます。

ところが、「今より楽な時代か、厳しい時代か」という二択にすると、ほぼ全員が「厳しい時代」と答えます。

国の財政問題、少子高齢化や年金の問題、150万人とも200万人ともいわれている引きこもりや学力低下の問題、原発事故以来のエネルギーの問題……。

多くの親が「今のような時代が続くわけではない」「我が子の生きる未来はどんな世界になっているのだろう」という、変化への不安や恐れを持っています。

大人ばかりではありません。

裁判所に来る少年たちでさえ、「どうせ、自分たちの未来は明るくない」「頑張っても仕方ない」という失望感を抱いています。

若者が長生きや出世を望まず、車などの高価品を欲しがらなくなったというニュースも、ニートや引きこもりの問題なども、この失望感と無関係とはいえないでしょう。

問題を先送りにし、今を豊かにすることを優先してきた国や社会のあり方は、明らかに限界を見せています。厳しい時代への変化が差し迫っていると言ってもいいでしょう。

「恵まれた環境の中ならば幸せ」という環境依存型の幸せは、通じなくなっていきます。非行少年たちが抱えていた心の問題は、非行少年だけではなく、閉塞感の漂うこれからの時代を生きていく全ての子どもたちが潜在的に抱えている問題です。愛する我が子をこれからの時代に送り出す全ての親たちが、自分のこととして受け止めていくべき課題なのです。

子どもたちが、厳しい変化が迫るこれからの時代を幸せに生きていくためには、どんな変化の中でも、どんな環境に置かれても、希望や幸せを見いだせる心の習慣を作っていくことが必要です。環境に依存しない、「全環境対応型」の心が必要とされているのです。

非行少年の心をヒントに…

心の習慣というのは、ものの見方、感じ方のことでした。「感性」と言い換えることもできます。

多くの人には、道ばたの美しい花に心を癒されるという「感性」があります。この感性にも、きちんとした道順があります。

まずは、道ばたの花に気づくこと。次に、その花を「美しい」と感じること。そして、それを「癒し」というエネルギーにしていくこと。この道順を通ってこそ、「感性」の本当の力を発揮します。

幸せを感じる「幸せの感性」も一緒です。

まずは、日常の中に散らばる「幸せの素」に気づくこと。それを「すばらしい」と感じること。そして、それを人生を切り拓いていくためのエネルギーにしていくこと。

こうして「幸せの感性」が正しく働けば、先の読めない時代の中で、環境が変わっていったとしても、もっと前向きに、そして、もっと幸せに生きていけるのです。

今、ほとんどの子どもたちは恵まれた環境にあって、物をもらうことや、愛されることは当たり前になってしまい、なかなか幸せを感じられなくなっています。心は確実に弱くなっているのです。その一方で、時代は厳しい方向へ向かい、希望を見いだしにくくなっています。変化もどんどん訪れるでしょう。

　変化に負け、希望を失い、幸せを感じられなくなっていた非行少年たちの心のあり方は、これからの時代を乗り越える子育て、変化に負けない心育ての大きなヒントなのです。
　非行少年たちの心に欠けていたもの…つまり、幸せを感じる心の習慣、「幸せの感性」を、しっかりと身につけてあげるのです。

心は「まるごと一つの親」が育てる

　感性は、一日では身につきません。日々の子育ての中でたくさんの種を蒔き、長い時間をかけて育んでいくものです。種を蒔く親自身も、 しっかりと幸せの種を選べるよう、幸せを感じる心の習慣を身につけることが必要になります。「その時になったら考えよう」ではなく、幼少時からの「転ばぬ先」が必要なのです。

　今は、多くの雑誌や本などで、「ほめ方」「叱り方」を始め、好ましい言葉がけなど、様々な子育ての方法が紹介されています。「３日で変わる」「すぐできる」などの魅力的なキャッチフレーズを使うものもあります。
「ほめ方・叱り方」「言葉がけ」などは、親子のコミュニケーションの技術、いわば「テクニック」です。
　「テクニック」もある程度は有用ですが、それを使う親の心が磨かれていなければ、付け焼き刃に終わってしまいます。

同じ「ほめ方・叱り方」「言葉がけ」などをしたとしても、その表情、間のおき方、雰囲気、前後の行動、さらには毎日の生活で子どもに見せている姿は、人によって全く違うからです。

子どもは、親が意識して作るテクニックだけから学んでいるわけではありません。その目に映る親の全て…いわば、「まるごと一つの親」から学び、心の基礎を作り上げています。

「ほめ方・叱り方」「言葉がけ」は、「まるごと一つの親」の表面のほんの一部に過ぎません。心を育てるならば、親自身も、言葉などの表面部分だけではなく、「まるごと一つ」で幸せの感性を伝えられるようになることが必要なのです。

とはいえ、親がまるごと変わろうとするのは、至難の業です。安心してください。まるごと「変わる」必要はありません。

「付け加える」でいいのです。

「幸せの感性が欠けている」というのは、ダシの利いていないみそ汁のようなものです。全部を作り直さなくても、顆粒ダシを少し入れれば、十分おいしい味になります。幸せの感性の種を選べる親になるためには、今の自分の心に、「幸せの感性の素」というダシの素を振り入れ、なじませてあげればいいのです。そのダシの味を伝える時には、もちろんテクニックも重要になります。

非行の現場で、何度となく「少年本人でなく、まずは親を矯正したい」という嘆きを耳にしました。

親が変われば子も変わる、といいます。親が「幸せの感性」を身につければ、子どもにも自然とそれが伝わっていきます。

逆に、親が幸せの感性を持とうとせず、子どもだけを幸せにしようとするのは難しいことです。まずは親が、自分の心に「幸せの感性」のための「ダシ」を入れるのが、第一歩なのです。

「転ばぬ先のこそだて」は「子育て」であり、「己育て」です。

子どもの 20 年後のために、親子共々、幸せの感性を育てていくこと。変化に負けず、どんな環境の下でも幸せを見いだす心の習慣を作っていくことなのです。

さあ、これから、その紐を少しずつ解いていきましょう。

<第一編で伝えたかったこと>

★　非行少年たちの環境・背景は様々です。
普通の家庭で育ち、少し前までは普通に生活していた子も多くいます。

★　非行のきっかけは、何かしらの「変化」です。
生きている限り変化は避けられませんから、今は恵まれて、非行に走りにくい環境にあっても、永遠にそうとは限りません。「その時に何とかすればいい」ではなく、10 年後、20 年後のための「転ばぬ先」の心作りが必要です。

★　全ての出来事は、その人の心の習慣を通して、人生に影響を及ぼしています。
環境を整えること以上に、よい心の習慣をしっかりと作っていくことが大事です。

★　非行少年たちの共通点は「幸せそうでないこと」。
幸せでない原因は、環境ではなく、環境の被害者になってしまっている心のあり方です。

★　少年たちの心のあり方は、これからの厳しい時代を乗り越える心を育てる、大きなヒントになります。
10年後、20年後の我が子のための「転ばぬ先のこそだて」とは、親子共々、日々の生活にある「幸せの素」に気づき、心のエネルギーにできる「幸せの感性」を育んでいくことです。

★　子どもの感性の種を選ぶのは親です。子どもは「まるごと一つの親」から学んでいます。テクニックだけではなく「まるごと一つの親」が幸せの感性を育てられるよう、親自ら、幸せというよいダシを入れていきましょう。

第二編

「何があるか」より「何に気づき、どうつなぐか」

「実際にあるもの」と「心に入るもの」は違う

「今日、スーパーで最初にすれ違った人の髪型は？」「今朝のアナウンサーのネクタイの色は？」と聞かれても、普通は全然覚えていないはずです。

目には入っていたのに、意識には入っていないのです。

私たちは無意識のうちに、自分の関心や必要性に従って、情報を取捨選択しています。

「実際にあるもの・あったこと」と「自分の心に残っていること」は全然違うのです。

一度きりの経験だけではなく、何十回、何百回と経験していても、全く覚えていない、ということもあります。

千円札のデザインを思い浮かべてみてください。誰でも千円札は見たことがあると思います。千円札の形やデザインも、何度も目にしているはずです。それでも、千円札のデザインを全て覚えているかというと、意外と知らないことが多いものです。

例えば、４カ所に印字されている「1000」という数字。一カ所だけ「1000YEN」となっています。もっとよく見ると、あちこちにいろいろなデザインの桜の花が描いてあります。さらによく見ると、表面の上側の飾り枠に、とても細かい字で「NIPPONGINKOU」とたくさん印字してあります。

千円札には必ず描いて「ある」のですし、千円札自体は何度も手に取っているのですから、必ず目には入っているはずですが、この細かいデザインはほとんど知られていません。

多くの人は、千円札の細かいデザインまで知りたいとは思わないし、知る必要もないと思っています。全く意識しないので、何十回、何百回と目には入っても、その情報はそのまま右から左へ流れ、意識の中には残らないのです。

心に入れる＝「気づく」ということ

気づく、というのは、その存在を意識する、その物事に関心を持つということです。気づくことによって、初めてその物事を評価したり、それが自分にとってどんな意味があるのかを考えようとしたりします。

逆に、気づかない、つまり、その人の意識に残らない物や出来事は、どんなにすばらしいものだったとしても、人生に貢献してはくれません。その人の人生にとっては、ないのと一緒なのです。

例えるならば、家の庭に１億円の財宝が埋まっていても、その存在に気づかなければ、何の意味もなく、埋まっていないのと一緒だ、ということです。

千円札のデザインは、気づかなくても困ることはないかもしれません。

ところが、幸せの素《もと》となる物事……例えば、愛情であり、人の支えは、気づくか否かで人生は大きく姿を変えてしまいます。

先ほどのＡ君の言葉をもう一度思い出してみましょう。

古本屋で万引きした日の話です。

＊　　＊　　＊

Ａ君　「…寒かったし。昼まで寝てました」

Ａ君　「お腹がすいたから、起きて、（お母さんが作ってくれた）ご飯を食べて」

Ａ君　「家は暇だし、外行って、ぶらぶらして……」

Ａ君　「で、マンガでも読みに行くかって……」

Ａ君　「立ち読みしてたけど、家で読もうと思って、コートのポケットに入れて……」

Ａ君　「そしたら、出口で店員に止められて、で、警察に…」

そして「その日のことを振り返って、どう思う？」という問いに、Ａ君はこう答えます。

「……何もいいことなかった……」

＊　　＊　　＊

本当にいいことはなかったのでしょうか。

昼まで暖かい布団の中で寝ていられるのです。まさに極楽です。起きればお母さんがご飯を作ってくれる。寒さをしのぐコートがある。ぶらぶらと過ごす自由な時間がある。立ち読みができる古本屋がある。

そして、捕まって警察に行った後は、親が迎えに来て、身元引受をして、家に連れて帰ってくれているのです。

このわずかな対話の中にさえ、幸せの素がたくさん散らばっています。ところが、Ａ君は、その幸せの素《もと》…母親の愛情や生活の豊かさに全く気づいていません。幸せの素《もと》である出来事は、何の意味づけもされないままに、心の中を右から左へと通り過ぎてしまっているのです。

そして、Ａ君の心には「万引きに失敗して警察に連れて行かれた」ということだけが入ってしまっています。Ａ君はそれを、「ついてない出来事」と色づけし、「いいことがなかった」と、マイナスの思いばかりを募らせ、自分の人生をどんどん不幸せな方へと導いているのです。

「何があるか」「何が起こったか」という物や出来事が、そのまま人生の幸せ・不幸せを左右しているわけではありません。

幸せや不幸せを左右しているのは、その人の周りにあるたくさんのものや、毎日のたくさんの出来事のうち、「気づいた」もの、心に入り、意味づけのなされた出来事だけなのです。

Ａ君の「何もいいことのなかった不幸な１日」も、何に気づき、どう評価するかが違えば、「過ちは犯したが、母の愛情を知った幸せな１日」になっていたはずなのです。

感性に響かせる＝「つなぐ」ということ

「気づく」というのは、その物事を意識して、意味付けの対象にする、ということでした。

「気づく」だけであれば、誰かからの指摘でもできます。

例えば、A君に「昼まで寝ていられるなんて、幸せでしょう」「親が警察に迎えに来てくれるなんて、恵まれているでしょう」といえば、A君だって「そう言われれば、そうかもしれない」とは思えるはずです。

気づかないよりは一歩前進ですが、自分の心で感じたのではなく、「そういう感じ方もある」と教えられただけです。人生を動かすエネルギーになるには少し足りません。

道ばたの花に癒されるにも、

①花を見つける（気づく）

→②その花を美しいと感じる

→③「癒し」というよいエネルギーにする、

というステップがあるように、気づいたことをエネルギーにするには、もう一つ階段を上らなければなりません。

ものや出来事を、心の深い部分に「つなぐ」ことが必要です。

つなぐ、というのは、感性に響かせる、ということです。自分の心で、強く、深く感じ入るということです。

「気づく」ことによって心に入ってきた物事を、どういう感性にどうつなぐか、が生み出すエネルギーを決めていくのです。

自分との関わりを見つけて、心がつながる

自分に起こった出来事と心がつながる…自分の心で深く感じ、その意味を痛感する、というのは、どういうときでしょうか。

「他人事」や「一般的なこと」と思っていると、どんなことも心にはつながってきません。

A君も、「布団で寝られる」「親が警察に迎えに来る」ことは、自分だから得られる幸せだとは思っていません。誰でも一緒の、ありきたりなことと思っています。だから、「幸せでしょう」と指摘され、納得はしても、感性に響くほどにはならないのです。

心がつながり、感性に響いてくるのは、その物や出来事と、「今」や「自分」との特別な関わりを感じたときです。

例えば、大阪に住んでいる人が、「東北の大津波で、漁業の仕事をしていた方が亡くなった」という記事を読んだとします。「気の毒だなあ」とは思うでしょうが、まだ自分とは関係の薄い世界です。心がつながり、感性に響くとまでは言えません。

それでは、「昨日食べたワカメを採ったおじさんは、大津波で亡くなったらしい」と聞いたらどうでしょうか。

もはや他人事ではありません。

「あのワカメを採った人が！？」と、いてもたってもいられない思いになることでしょう。自分との関わりを感じる瞬間です。

この瞬間、感性は揺れ動き、人生を動かしていくエネルギーを作り出すのです。

自分との関わりの見つけ方は、何通りもあります。

外国の孤児のニュースを見て、「うちの子と同じくらいの子が……」と思って黙っていられない気持ちになるとき。

災害現場の映像を見て「昔の家の近くだ！」とハッとして、昔の情景が心に浮かんできたとき。

名所という知識でしかなかった遺跡を、初めて自分の目で見て、その壮大さを感じたとき……。

そうやって、心をつなぎ、感性を響かせることによって、「気づいた」出来事は、人生を動かすエネルギーに変わっていきます。

何に気づき、どうつなぐか

一人の子どもが、普通に一日を生きるだけで、何人もの人や、いくつもの物と触れあい、たくさんの出来事を経験します。

朝、日が昇って、自分に降り注ぐこと。

顔を洗うために、水道をひねって水を出すこと。

靴を履いて、道を歩いて、学校に行くこと。

友達と何気ない会話を交わすこと。
先生の話を聞き、ノートに鉛筆を走らせること。
家に帰って、母親におやつを出してもらうこと。
いつもと同じ布団で寝ること…

何百、何千という出来事が、毎日の生活に散らばっています。

それぞれの物や出来事に、決まった意味はありません。
朝日を「すがすがしい」と思うこともできれば、「もっと寝ていたいのに、イヤだなあ」と思うこともできるのです。
毎日の生活の中の、何に気づき、どうやって心につなぐのか。
どれだけ多く、幸せの素《もと》を拾い出し、幸せに向かうエネルギーに変えていけるのか。
そうやって生み出されたエネルギーが、その人の歩む道を決めていきます。
自分で自分の人生を選びとって、幸せな道を歩むのか、それとも、悪いことを人のせいにして、不満ばかりの不幸せな道を歩むのか……。
人生を決めるのは、自分に「何があるか」「何が起こったか」ではありません。自分が、その出来事を「どう見るか」そして「どう使うか」なのです。

まずは「気づく」をスタートに

「○○と思いなさい」と言われたからといって、本当にそう感じる人はいません。

感じる心というのは、外側から押しつけられるものではなく、内側から湧いてくるものです。「どう見るか」という物の見かたも、教えられてすぐに身につく物ではありません。

ですから、感性を育てるのに、「教えよう」「すぐさせよう」と頑張ってしまうのは禁物です。

湧き水は、土がたくさんの水を含んでこそ、出てくるものです。「物の見かた」や「感じる心」も、土に水をしみこませるように、心の内側で少しずつ育てていかなくてはなりません。

いろいろな幸せの素に「気づく」というのは、心という土に、たくさんの水がしみこんでいくということです。そして、「つながる」というのは、その水が出口を見つけ、心の中からわき出してくるということです。

まずは、「気づく」こと。水をしみこませることが始まりです。

「気づき」は、自分で得ることもできますが、外からの働きかけでも増やしてあげることができます。

「今日はいいお天気だね」「おいしいお菓子を頂いたよ」と、普段の日常の中で、幸せの素になる出来事を意識して子どもの耳に入れてあげましょう。

子ども自身がそれをどう感じ、どう反応するかは、次の段階のことです。たくさんのことに気づき、それを心の土にためていけば、何かのきっかけで心の奥深くにつながり、湧き出る糸口を見つけていくことができるようになるのです。

まずは、「気づき」、出来事を心に入れることが最初なのです。

もちろん、心を育てるのは「まるごと一つの親」ですから、親自身も幸せな出来事へのアンテナを意識して増やしていきます。

（感性の育て方は、第四編で詳しくお話しします）

幸せの感性の二本柱

さて、我が子に幸せの感性を伝えるには、「まるごと一つの親」にも「幸せの感性」の素が入っていなければなりません。

「幸せの感性」には、大事な二本柱があります。

一本目の柱は、「自分と社会の本当の関係」です。普通に生きているということは、人や社会から、あふれるほどに莫大な支えを受けているということ…その本当のすごさを知ることです。

二本目の柱は、「自分の世界は自分が選ぶ」ということです。

一つの物事をどう見るかは、一通りではありません。何通りもの見方ができます。物の見かたが選べるというのは、豊かな視点を持つということ、そして、自分の人生で起こる出来事をどう見るかはすべて自分で選べるし、選んでいるということです。

「幸せの二本柱」は、どんな人生にも、どんな心にも付け加えられる最高の「心のダシ」です。この二本柱が作られていけば、どんな環境のもとでも、たくさんの幸せの素を捕まえていけるのです。逆に、この二本柱がないと、多くの幸せの素を逃がしてしまいます。

　第三編では、「幸せの感性の二本柱」を詳しくお伝えしていきます。まずは、親自身がこの二本柱を自分の心で噛みしめて「まるごと一つの自分」に付け加えてみましょう。その「己育て」が、やがて、「子育て」へと広がっていくのです。

＜第二編で伝えたかったこと＞

★　誰でも、毎日の出来事の中で、無意識のうちに心に入れることを取捨選択しています。
「気づく」というのは、その出来事を意識し、何かしらの評価を与えようとすること。
　その人が気づいたことだけが、その人の心を作り、気づかなければ、ないのと一緒です。心を作り、人生を作るのは、その人に起こった出来事ではなく、その人が「気づいた」出来事です。

★　気づくことは、情報として仕入れたり、誰かから指摘されることでもできます。
　そして、気づいた出来事と自分との特別な関わりを知ったとき、心がつながります。

★「気づく」ことによって、意味づけられ、「つながる」ことによって感性に響くことで、物や出来事は、人生を動かすエネルギーになります。何に気付き、どうつなぐかで、その人の心のあり方が決まります。

★　物や出来事に決まった意味はありません。

大事なのは、自分に「何があるか」「何が起こるか」ではなく、その物事を「どう見るか」と「どう使うか」なのです。

★　幸せの感性の二本柱は「自分と社会の本当の関係への気づき」と「いろいろな物の見かたへの気づき」。

幸せの感性の第一歩は、この二つの気づきで、たくさんの幸せの素を捕まえることなのです。

第三編

幸せの感性の二本柱

【その1】

「自分と社会の本当の関係」

目に見えないこと、当たり前のことに気づいてみると…

人間は、生きている限り、人の支えを受けています。

それでも、私たちはどうしても、してもらったことを棚に上げて、してあげたことに目を向けてしまいがちです。

何も意識しなければ「してあげたこと」に偏ってしまうのは、ある意味やむをえないことです。

「してあげたこと」は全部自分で体験しています。準備や後始末にかかった負担や労力も全て自分で味わっています。一方で、「してもらったこと」は、自分と直接関わった部分だけしか目にしません。受けた親切や頂いた物が自分の所に届くまでの労力や手間は、あえて意識してみなければ、気づくことができないのです。

例えば、贈り物にお菓子を頂いたとします。

自分が直接目にするのはそのお菓子、という結果だけです。ところが、相手の人はお菓子を渡すまでに、お菓子を買いに行く手間やお菓子を選ぶ手間をかけています。もう少し広げてみると、お菓子を買うためのお金をどこかでやりくりしてくれています。それを全部含めたものが、本当の「してもらったこと」なのです（自分が「してあげた」時には、必ずその負担も考えているはずです)。

さらに、私たちは、日常的に受けている支えほど、当たり前と受け取ってしまい、支えられていると感じられなくなってしまいがちです。

例えば家族の支えです。

乳児のいる家庭で「妻が夫に腹を立てること」の中に、「ミルクやおむつ替えをほんの１、２回手伝っただけで、たくさんしてあげているような顔をする」というのがあるそうです。一方、外で働く夫の本音で、「家でだらけていることばかり言わず、外ではずっと緊張して働いていることを分かってほしい」というのがあるようです。

妻が一日中子どもを世話することも、夫が外で働くことも、大変な労力です。当たり前にしてくれているから、気づかないというだけなのです。

静かな気持ちになって少しだけ考えてみてください。あなたや、あなたの家族は、誰かが働いてお金を稼いでくれていることや、誰かが毎日料理や食器の片付けをしていることを、「してくれている」と感じているでしょうか。むしろ、たまたま帰りが遅かったときや、食事ができていなかったときばかりを意識して、腹を立ててはいないでしょうか。あるいは、普段はしないことを少し手伝っただけで「してあげた」と恩きせがましく振る舞ってはいないでしょうか。

もしも思い当たることがあるとしたら、気づくことなく無駄にしてしまっている幸せの素がたくさんあるということです。

社会の支えも、意識しなければ気づきにくいものです。

少しだけ、自分を遠くから見つめて、自分を取り巻く社会をどう思っているかを考えてみましょう。

普段の便利で豊かな暮らしを当たり前だと思い、たまたま不便を感じたときばかりを意識して、不満をこぼしてはいないでしょうか。気づいていない幸せの素がそこら中に散らばっているはずです。

「ありがたい」に気づいてこそ

家事や仕事のように、日常的にしていることでも、その細やかな一つ一つには、それぞれ手間と負担がかかっています。

一つ一つは小さなことでも、それを積み重ね、繰り返すのは、ちょっとした気まぐれでできることではありません。

その一つ一つを積み重ね、繰り返してもらってこそ、私たちが当たり前に受け取っている「普通の生活」があるのです。

「ありがたい」という言葉があります。

人の支え、社会の支えは、まさにこの一言に尽きます。

漢字で書くと、「有り難い」。「有るのが難しい」です。

自分が「普通に」生きていくために、自分の意識していないところで、多くの人が労力や手間をかけ、いろいろな物が使われています。多くの人の一つ一つの労力が積み重なり、つながりあって、自分自身の日常や、ありふれた毎日を支えてくれているのです。

そのうちの一つが欠ければ、その恩恵を受け取ることはできません。先ほどのお菓子の例で言えば、相手方が、「お菓子を選ぶ」という手間を嫌がってしまえば、そのお菓子が自分のもとに届くことはなかったのです。

「ありがたい」の反対は「当たり前」です。

「当たり前」というのは、意識にすらのぼらないこと。のぼらせようとしないことです。

「ある」けれど、気づいていないし、気づこうともしていないということです。どんな支えを受けていても、当たり前と思っている限り、幸せの感性は動かず、エネルギーは生まれてきません。

日常的に受けている支えの一つ一つ。それを積み重ね、繰り返すことの大変さ。そして、一つの物やサービスが自分の所へ届けられるまでの、見えないけれど大きな労力や負担。それは、自分という一人の人間に向けられた、家族と社会の深い愛でもあります。

これをしっかり感じること。そうやって、「ありがたい」を知ることこそが、自分と周囲の本当の関係に気づくことなのです。

家族や友人の「ありがたい」に気づく

自分で仕事をしなくても、食べ物に困らないこと。

食事の準備や片付けをしてもらえること。

布団の中で眠れること。

洗濯されたきれいな衣類を着られること……。

全ては、両親をはじめ、家族の支えがあってのことです。

ところが、先ほどのＡ君のように、ほとんどの子どもたちは、これを幸せのエネルギーにできないままに過ごしています。

日常の出来事として、「当たり前」になってしまい、気づくことも、つながることもできなくなっているのです。

逆に、親に叱られたことや、望みを叶えてもらえなかったことばかりを意識してしまいがちです。そして、「誰も分かってくれない」「家族は自分の味方じゃない」「ひとりぼっちだ」と、不幸のエネルギーばかりを生み出してしまっています。

子どもばかりではありません。

私たち大人も、何となく毎日を過ごしていると、「当たり前」の気持ちが先立って、家族の支えを忘れてしまいがちです。

「親には感謝している」「配偶者がいなければ、確かに困る」と漠然と感じてはいても、家族の支えの一つ一つに、真剣に向き合ったことは少ないのではないかと思います。実際に一つ一つを考えてみると、その莫大さに驚くはずなのです。

例えば、自分が大人になるまでの、親の負担を考えてみましょう。

まずは、金銭的な負担です。親は、自分の気づかないところで、たくさんの金銭的負担をしてくれています。

生まれるまでに費用がかかります。産婦人科の検診費。1回5000円で10回行けば5万円です。出産費用は40～50万円以上かかることがほとんどです。ベビー用品も揃えなくてはいけません。生まれてからはミルク代やおむつ代、衣服代などがかかります。若い夫婦には大きな負担だった場合も多いでしょう。

やがては食費・衣服代・学費・水道光熱費・医療費と、様々なお金がかかってきます。

食費だけでも、1食300円として20年間で3回×365日×20年＝21900食ですから、×300円で657万円。習い事に、月5000円払っていれば、10年間で60万円。衣服代も、下着から制服まで、1年に5万円使えば、20年で100万円……。

子ども一人あたりにかかるお金は3000万円、4000万円と言われています。親は、それほどの支出を、毎日の労働で支えてくれていたのです。

次に、お世話をしてもらった時間を考えてみましょう。

生まれてから幼稚園に行くまでの3年間、家で世話をしてもらっていたとします。寝ている時間を除いて、１日のお世話時間を14時間としましょう。３年間で、14時間×365日×３年＝15330時間にのぼります。幼稚園入園以降を加えれば、さらに莫大な時間になります。

ごはんを用意する時間はどうでしょうか。朝食と夕食を、毎日、それぞれ30分ずつかけて用意するとしたら、20年間で30分×２回×365日×20年＝7300時間です。

小学校の６年間、毎日１回おやつを出してもらっていたとしたら、2190回おやつを出してもらったことになります。

一人の子どもを育てるために書く書類の数も、かなりのものです。妊娠や出生の届け出に始まって、入園・入学の書類、病院や予防接種での問診票、学校でのプリントやアンケート…足していけば何百枚、何千枚にもなる書類を書いてくれています。親が、自分の名前を書いてくれた数、自分の名前を呼んでくれた数は、数えても数え切れないはずです。

爪を切ってくれたこと、髪を洗ってくれたこと、手をつないで歩いてくれたこと、話を聞いてくれたこと。…数えていけば、親が、自分一人のために、人生の時間をどれだけ費やしてくれていたのかが見えてきます。

気づくことなく、「当たり前」と流してしまうには、もったいないほどの支え…愛情があればこそ、できる支えなのです。

私たちはみんな、これを受け取りながら育ってきています。

今、一人の大人でいられることも、たくさんの「ありがたい」の積み重ねなのです。

夫婦の間も同じです。夫婦となると、どうしても「してくれて当たり前」「してくれない」と、足りないことばかり気づいてしまいがちです。それでも、よく思いをめぐらせてみると、自分の見ていないところでいろいろなことをしてくれているはずです。

もし、急に配偶者がいなくなったら、自分や子どもの生活はどうなるのかを考えてみてください。

配偶者が家事をしていれば、食事、衣類、お風呂、布団と、毎日当たり前に受け取っている物が受け取れなくなります。

食事一つとっても、メニューを考える手間、買い物に行く手間、食費をやりくりする手間、調理する手間、盛りつける手間、運ぶ手間、調理器具や食器を洗う手間、洗った物を片付ける手間…など、様々な労力が隠れています。その負担を全部自分が負うことは、決して簡単ではないはずです。

配偶者が育児を担っていれば、先ほどの「親が負担してくれた時間」を、誰かが代わりに負うことになります。

配偶者が仕事をしていれば、金銭的な支えを失うことになります。自分が同じお金を稼ごうとすれば、多くの時間がお金を稼ぐために消えていき、今の生活は到底維持できないはずです。うまく仕事を回すためにいろいろな気遣いをしたり、職場の人間関係等のストレスも抱えなくてはならないでしょう。「お金を稼ぐ」ということの裏には、様々な負担があるはずなのです。

配偶者との間にこそ、気づけるはずの幸せの素、「ありがたい」と受け取れる物がたくさんあるのです。

友人と会うにしても、実際に話していることだけが、友人が自分のためにしてくれたことではないはずです。

自分の所に来るまでに費やしてくれた時間や費用。

自分とどうやって過ごすか考えてくれていた時間。

何かをプレゼントしてくれたら、それを買いに行く時間、選ぶ時間、代金。その代金を稼ぐために、働いてくれた時間。

別れた後も、帰るために費やす時間があります。その後も、自分のことを気にかけてくれているかもしれません。

直接は見えないところにも、いくつもの「ありがたい」が散らばっているのです。

社会の「ありがたい」に気づく

私たちは、普段、何気なく物を使ったり、捨てたりしています。それは全て、社会の支えによって、自分のもとに届けられた物です。私たちは、実は、莫大な数の人の支えを受けながら、「当たり前」の日常を過ごしているのです。当たり前の後ろに積み重なっている支え、自分の見えないところでの支えを考えてみましょう。壮大な網目ができあがります。

例えば、普段着に使う1枚のシャツ。当たり前に着ている服です。

近くの大型スーパーで買ったとします。

自分がその服を手に入れるまでに、どれだけの人の手がかかっているのでしょうか。

買った場所はお店です。お店が建っていなくてはなりません。

ということは、お店の建物を建てるために働いた人がいます。

設計をした人。建物の資材を作る人や揃える人。その資材を運んだ人。工事に携わる大工さんたち。大工さんが使う工具を売る人。電気の配線を引く人。水道管を整備する人……いろいろな人が携わっています。さらにそれを支える人もいます。電気があるということは、電力会社の人もいれば、発電所の建設工事に携わった人がいるはずです。水道を引いているということは、水道局や浄水場で働く人、水道の施設を作った人、水道管の部品や管を作る人がいるはずです。

建築中に出るゴミを運んでくれる人もいたでしょう。

とすると、ゴミ処理場で働く人。ゴミ処理場を建てた人…。数えていくときりがありません。

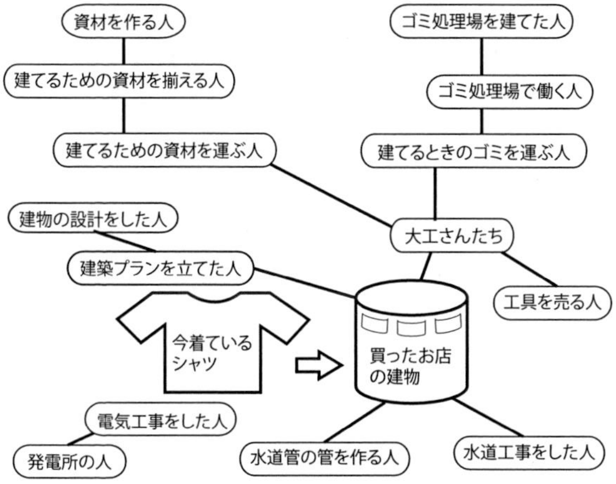

網目はどんどん広がっていく

建物があっても、店員さんがいなければ物は買えません。

売り場の店員さんもいれば、仕入れの店員さんもいます。その陰には、店員さんの労働時間やお給料の管理をしてくれる人がいます。売り場の清掃をしてくれる人もいます。ということは、清掃用具のモップ・長靴などが必要です。それを売るお店や、作る工場があります。

店員さんがお店に出てくるためには、電車や車、自転車など、その通勤を支えてくれた乗り物があるはずです。

服そのものはどうでしょう。

服のデザインをした人もいれば、検品した人もいます。服を縫い合わせた人もいます。材料の布や糸にも人手が必要です。布を織るために働いた人、糸を紡ぐために働いた人、糸の材料の綿花を栽培するために働いた人、さらにはそれぞれの設備を作るために働いた人もいるはずです。

服を買うにはお金が必要です。

家族の誰かがお金を稼いでくれています。お給料を払ってくれる勤め先があります。仕事の手配をしてくれる人や、お給料の計算をしてくれる人がいます。勤め先の経営を支えるお客様がいます。

考えれば考えるほど、網目はどんどん広がっていくのです。

たった一枚のシャツを手に入れる。

そんな日常的なことでも、数え切れないほどの人やシステムの支えを受けています。

そして、その一つが欠けてしまうだけで、そのシャツは、自分の所には届かないのです。

私たちは、朝起きてから夜寝るまでに、たくさんの物に触れ、いくつもの食べ物や飲み物を口にしています。その一つ一つに、先ほどのシャツと同じようなネットワークがつながっています。

ものすごい数の人々と、ものすごい金額の設備と、ものすごい長さの人類の歴史という、途方もないような網目が、自分の「日常」を支えているということ。

これこそが、「自分と社会との本当の関係」なのです。

今、健康に生きている、ということは、昨日も、一昨日も、毎日毎日、ご飯を食べてきた結果です。

1年が365日。30年なら、1万950日。1日3食で、3万2850食。ほとんどの人は、お米も、野菜も作っていませんし、家畜を飼ってもいません。

それでも、社会の網目に支えられて、3万回もの食事を届けてもらっています。

生きているということは、「ありがたい」の積み重ねなのです。

<一枚のシャツの「ありがとうの地図」>

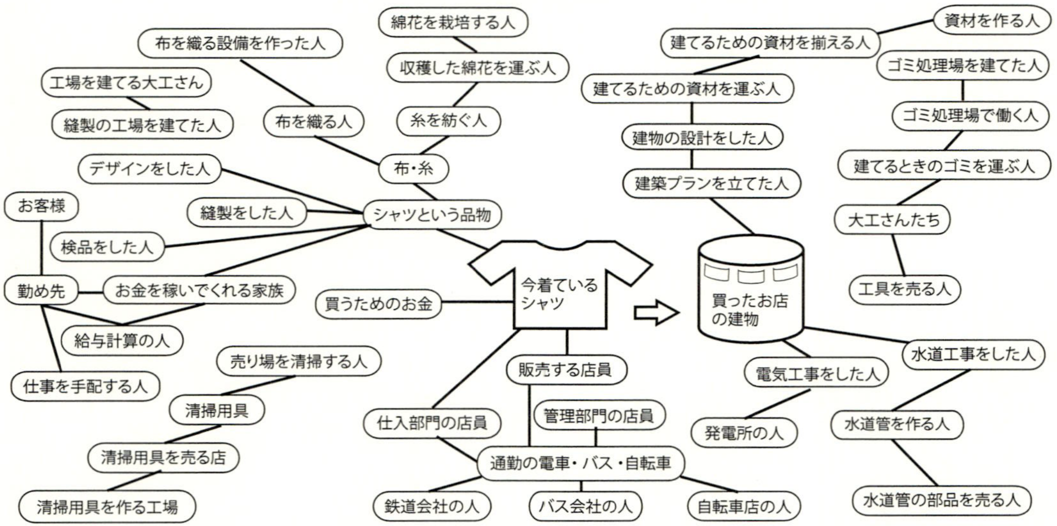

★★子どもと一緒にありがとうの地図を書いてみよう!!★★

① 日常生活の中で使っているものを一つ選んで、真ん中に書きます。
② それが自分の所に届くまでにどれだけの人が関わったか、物・材料・流通・販売場所など、いろいろと想像しながら書き進めます。
③ 気づかなかった「ありがとう」を親子で感じてみましょう!

「人の支え・社会の支え」への気づきは様々なエネルギーに

人の支え・社会の支えに気づけば気づくほど、幸せを生み出すプラスの感性にどんどん心がつながってきます。そして、人生の様々なエネルギーが生み出されていきます。

例えば、自信や自尊心。家族や友人の支えは、知れば知るほど「自分は大事にされている」という自信や自尊心を生み出します。

日常を支える大きな網目、社会の支えを知ればなおさらです。自分の見えないところにも、自分を支えてくれる人がたくさんいることに気づき、「自分は多くの人に支えられる価値がある」「自分が生きているというのはすごいことだ」と感じれば、自ずと自己評価は高まっていきます。

世界の広さを感じ、人類のすごさを感じ、この世界に生きる幸せを感じることもできます。

人から多くの支えを受けていると感じれば、恩を返したい、自分も人を支えたい、という意識も湧いてくることでしょう。使命感や、生き甲斐につながっていき、努力や忍耐を喜んで受け入れる原動力になってきます。

そして、何よりも、人の支え・社会の支えは「感謝」という最高のエネルギーを生み出してくれます。

感謝は最大にして万能のエネルギー

感謝は、誰にでも使うことができ、そして、誰にでもすばらしい効果をもたらす最高のエネルギーです。

感謝の力は、人を支える力にも、自分を支える力にもなります。感謝をすることも、感謝をされることも、大きな幸せを生み出すのです。

感謝は、人を支える大きな力です。

大変な仕事をした後でも、誰かが心から「ありがとう」と感謝してくれれば、その苦労も一気に吹き飛びます。人に感謝されることは、誰にとっても大きな喜びです。感謝のエネルギーがあれば、つらいことはつらくなくなり、楽しいことはさらに楽しくなります。

心からの感謝は、時には、人の人生すら支えることができる、強く尊い力になります。

小学校のころ、わずか16歳で重い病気に冒され、亡くなった少女の話を聞きました。その少女は、最後、母親と、世話をしてくれた看護師さんに「ありがとう、ありがとう」と言い続けて亡くなったそうです。そして、その看護師さんは、何年も経った今でも、その言葉を支えに、苦しいときや大変なときも、自分を信じて働くことができている、ということでした。

重い病気に冒され、自分の体すら、満足に動かすことができなかった少女。その少女が贈った、心からの感謝。それが、一人の女性の人生を支える柱となっているのです。

感謝は人を支え、幸せをもたらす大きな力なのです。そして、その力は、誰にでも使うことができます。この少女のように、力を持たず、世話を受けて生きる人であっても、「感謝」によって人を支え、社会の一員として、役割を担っていくことができるのです。

感謝は自分を支える力にも

感謝は人を支えると同時に、自分を支え、幸せにする最高のエネルギーでもあります。

何かに感謝しているとき、私たちは間違いなく幸せです。

感謝の気持ちと、不幸な気持ちは同時に感じることはできません。

どれだけ記憶をたどってみても、「心から感謝しているけど、不幸せだった」という瞬間はないはずです。

あるとしたら、それは「感謝していた」のではなく「感謝しなければならないと思っていた」、つまり、頭ではわかっているけど、心から感謝できていなかった場合です。

感謝のエネルギーを使えば、本来は負担に感じることも、幸せを感じながらこなしていくことができます。大事なのは、すぐに「感謝なんてできない」と言わず、自ら感謝のネタを探すことです。感謝のエネルギーは、いろいろなところから取り出すことができます。少しだけ視野を広げて、感謝できるような物の見かたをするのです。

例えば、「人」について、視野を広げてみましょう。
「子どもの世話」「病人の介護」「サービス残業」というように、何かをしてあげているとき、私たちは、どうしても「してあげている自分と、してもらっている相手の関係」だけに視野を狭めてしまいがちです。そうすると、「してあげている一方で、感謝なんてできない」というように、負担ばかりを感じてしまいます。相手が感謝してくれればいいですが、そういう場合ばかりではありません。

少し視野を広げて、相手以外の人の存在に気づいてみましょう。
自分一人で誰かの全てを支えることはできません。1枚のシャツの例で見たように、社会は網目なのです。自分が一つの負担を負うにも、実は、その自分自身が、誰かからの支えを受けているのです。
例えば、子どもとの関係。
自分と子どもの2人だけの関係を超えて、他の人へと視野を広げれば、様々な支えに気づけるはずです。

「子どもは言うことを聞かなくて大変だけど、こうして子どもにたくさんの時間をかけられるのは、夫が会社で頑張ってくれているおかげ」「何回も同じ本を読まされて大変だけど、この本を友達がプレゼントしてくれなければ、こうやって子どもが喜ぶこともなかったはず」というように、必ず見えない支えがあるのです。

介護や残業も一緒です。「介護は負担だけど、こうして介護をしながらでも生活に困らないのは、入院費を援助してくれる親戚がいるおかげ」「残業は大変だけど、こうして働けるのも、保育園が夜まで預かってくれているおかげ」と、感謝の素は方々に散らばっています。気づいていないだけなのです。

そして、人についてだけでなく、時間について、物についてと、どんどん視野を広げていけば、「仕事は大変だけど、エアコンの効いた部屋にいられるのは、この時代に生まれたおかげ」「習い事に連れて行くのは大変だけど、寒い思いをしないで済むのは車があるおかげ」というように、どんどん感謝の輪を広げていくことができるのです。

それだけで、同じ仕事も全く違うものになり、ストレスも小さくなって、毎日がどんどん幸せになっていくのです。

私もそうやって、人への感謝に支えられながら、子育てをしている一人です。

私の娘は、１歳の時、重篤な肺炎を起こし、命の危機に陥ったことがありました。その時のお医者さんは、すぐに娘を入院させ、深夜までかけて、様々な検査を行い、看護師さんと一緒に真剣に娘の治療に当たってくれました。そのおかげで、娘は一命を取り留め、後遺症もなく、無事に退院することができました。

小学生になった娘とは、時にすれ違うこともあります。無理を言われ、いらだったり、悩んだりすることもあります。

そんなとき、ふと、命の危機に陥った時のことを思い出すのです。

そして、「あのとき、あのお医者さんたちが頑張ってくれなければ、今という時もなかった。この子がここまで大きくなって、こうして話ができるのも、この子のために働けるのも、あのお医者さんたちのおかげなんだ」と感じると、「今日、こうして悩めるのも、ありがたい」と、自然と気持ちがおおらかになってくるのです。

感謝する相手は誰でも、何でもいいのです。必ずどこかにいるはずなのです。感謝は万能のエネルギー、副作用のない喜びです。

大事なことは、自分がしてもらったこと、直接は見ていないけれど、誰かがしてくれたはずのことを想像してみること、そして、漠然と受け取っている当たり前のことの一つ一つに思いをめぐらせてみることです。そうやって、たくさんの人の支えに気づき、感謝すれば感謝するほど、人生に幸せの力があふれ、毎日を楽しく過ごすことができるのです。

「ありがたい」に心をつなぐ

「つなぐ」というのは、自分との関わりを見つけ、感性に響かせるということでした。

人や社会の支えを知ったなら、単なる知識にとどまらず、自分との関係に思いをめぐらせ、どんどん心につなげるようにしていきましょう。

小学校の社会科では、「働く人」について学びます。

「自分の地域にも、働いている人はたくさんいる」「働く人がたくさんいるから社会は動いている」と学んだとしても、それは知識に過ぎません。歴史の年号や、人物の名前を暗記しても、自分とつながらず、感性は動きませんから、面白くなくて当然です。

自分がどれだけ人の労働に支えられ、どれだけ人類の歴史の恩恵を受けているか。それを学び、考え、目にしつつ、自分を置いた「社会地図」を持つことが大事です。社会や歴史と自分自身とをつないでこそ、感性が動き、人生を動かすエネルギーが生まれるのです。

私は小学校の頃、近所の金属パイプを作る工場を見学しました。その時、私は、金属パイプなどに興味もなく、工場のこともほとんど印象に残りませんでした。ところがあるとき、たまたま水道の管がむき出しになっているのを見て、「あ、あのパイプはこうやって使われているのかもしれない」と思った瞬間、工場の中の風景や、働いていた人々のことが、ありありと目の前によみがえってきました。今でも、工場見学のことを思い出し、熱いバーナーを持っていた人や、重たい機器を動かしていた人のことを思うと、感謝の思いが湧いてきます。「あの人たちも、私を支えてくれている」と、自分との関わりを見つけ、心につなげることができたのです。

教えられた「定型文」にとどまらないことも大事です。

例えば、幼稚園や学校で、食事の時に「ご飯を作ってくれたお母さんと農家の人に感謝しましょう」という「定型文」を習います。

これではただの知識ですし、実際の支えのごく一部に過ぎません。

ごはんが食卓に出てくるまでには、いろいろな人や物が関わり、たくさんの労力が費やされています。田んぼを耕した人もいれば、収穫のための農機具も、作物を運ぶトラックも、トラックが通る道路も、米や野菜を売ってくれた店もあります。炊飯には水を使います。食器一つ、箸一膳、テーブルや椅子一つをとっても、様々な人が関わっています。そして、その食べ物や道具になるために、犠牲になってくれた命があります。

定型文の外、見えない支えを意識してこそ、自分と世界がどんどんつながり、感謝も深く・重みのあるものになっていきます。

社会の網目。家族の支え。私たちの生きる世界では、驚くほどたくさんのものがつながり合っています。

すさまじいほどの支えと愛が、幸せの素がそこに「ある」のです。

足りないのは、たった一つだけ。

そこに、もう一つ、自分の心をつなぐだけなのです。

「親の愛」だけに偏らない

今、様々な育児アドバイスで、親の無条件の愛を感じさせ、子どもを支えることの大事さが指摘されています。

親の愛は、本当に深く尊いものです。

ただ、変化に揉まれ、心を閉ざしていった非行少年たちを見る限り、親の愛だけではおぼつかないように思います。親が生身の人間である限り、親の愛による支えはもろく崩れやすいものでもあるからです。

突然母を失ったＢさんのように、死別などで悲しい別れを経験する場合もあります。離婚や家庭内の不和などで、それまでの家庭が崩れてしまう場合もあります。

親も家庭も無事だとしても、子ども自身が親不信に陥り、親の愛を受信しなくなることもあります。子どもの目には、親のしてくれることは「当たり前」と映ってしまいがちです。してくれないことばかり目につき、親はダメだ、と思っている場合も多いのです。

また、子どもには反抗期・思春期というデリケートな時が来ます。その時に、少しタイミングが合わなかっただけで、「親は頼れない」「愛されてない」と不信を抱くケースがあります。例えば、「本気で悩んで相談したときに、親が多忙で、冷たくされた」「やる気を出して勉強してみたら、親に『珍しい』とからかわれた」というケースです。当然、親には何ら悪気はありません。ひどいと言えばその通りですが、親も一人の人間なのですから、一瞬たりとも気を抜かず全面愛を注ぎ続けることなどできないというのも事実です。

心から愛してきたつもりが、甘やかしになっていたり、過干渉になっていて、「愛」として伝わっていないこともあります。

親の愛だけで支えようとするのは、たった１本の柱で、子どもという家を支えているに等しいのです。

親の愛は、親の愛としてしっかり伝える。

ただ、親は一人の人間。子どもの人生から見れば「変化する環境」の一つに過ぎません。親の愛とともに、それ以上に、社会の網目……「生きている」だけで「当たり前」に受け取っている「社会の愛」をしっかりと伝えていってほしいのです。

変化に耐える「社会の愛」

親は生身の人間です。絶対に健康で長生きできるという保障はありません。一方、社会は、多くの人が作り上げた、大きなネットワークです。生身の人間より、はるかに強固です。

母の死という変化によって親の愛を失ったＢさんですら、ご飯を食べ、服を着て生きてくることができていたように、社会の愛は、そう簡単には崩れないのです。

変化に耐える心作りは、社会の愛に気づき、心をつなげること…自分が日常の中で受け取るさまざまな物に、「当たり前の生活」に「ありがたい」と感じる心の目を持つことです。

２つの図を見てください。

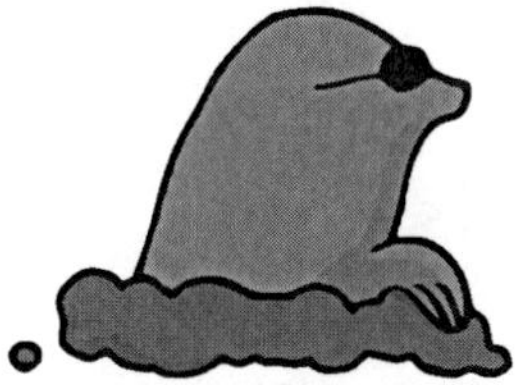

＜親子の愛で支える心＞

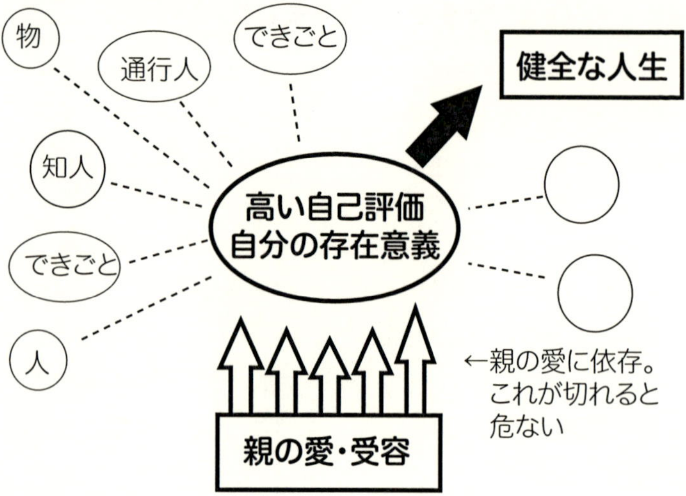

＜社会の愛で支える心＞

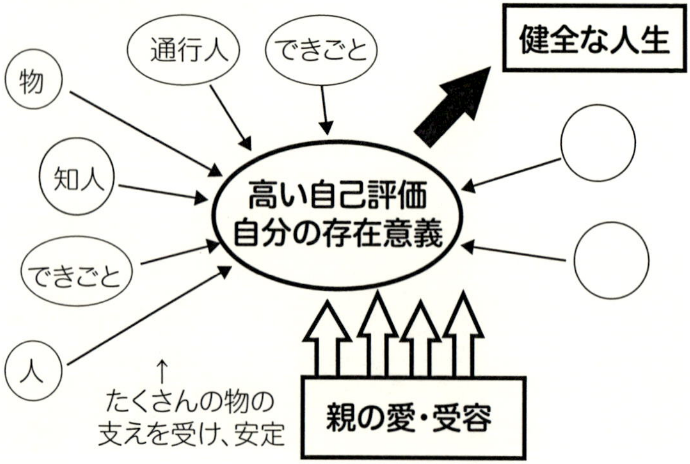

前ページの上の図は親の愛だけを支えにした心です。親の愛という強いパイプはありますが、他はつながっていません。親の愛が受信できなくなると、あっという間に転がり落ちてしまいます。

下は親の愛とともに、社会の愛を支えにした心です。

いろいろな人や物から愛を受け取り、親の愛が受信できなくなっても、自分の力で愛を、自分の生きる価値を探していける心です。

変化に満ちた世界の中で、子どもが自立し、自分の力で幸せを見つけていくためには、数限りなく注がれている社会からの愛を感じることが不可欠なのです。

親を信じられない。家に居場所もない。

そういう思いを抱えながら、審判の席で、「俺の人生なんて他の人には関係ない。立ち直らないといけないとも思わない。何で俺に価値があるというのか？」と問いかけてきた少年がいます。

私は、彼の問いに、こう答えました。

「君が今、服を着ているからだ。今、お腹をすかしていないからだ。服だって、最初から服の形で君の目の前にあったわけじゃない。ご飯だって、最初から料理してそこにあったわけじゃない。誰かが作って、誰かが君の所に届けてくれたんだ。君に生きてほしいから届けてくれたんだ。君に価値がなければ、誰もそれを君の所には届けてくれないんだ」
「君がこの16年間生きてこられたのは、社会と人に愛されているからだ。今も、これからも、君はその愛を受け取れるんだ。君にはその価値があるんだ」と。
その言葉が、本当に少年の心に届いたかはわかりません。
今は分からなくても、10年後、20年後に気づくときが来るかもしれない…私はそう信じています。

親も「社会の支え」を感じて

どれだけ子どもを愛していても、子育ては、楽しいときばかりではありません。苦しいときもたくさんあります。
苦しいとき、孤独な時ほど、社会の愛は大きな意味を持ちます。当たり前に受け取っていた社会の支えを意識し、社会の愛を感じることで、自分一人で子どもを背負っているわけではないと気づき、少しだけ、子育ての重荷を肩からおろすことができるのです。

私の息子には自閉症という障害があります。
普段はむしろ明るく純粋で、かわいらしい子です。
ところが、時にパニックになり、ひどい癇癪《かんしゃく》を起こします。金切り声で、何十分も叫び続けるのです。近所にも聞こえる声です。いくら我が子を愛していても、つらくなります。

その時に、「生まれてくれてありがとう」と言って、親としての愛情を思い起こそうとしていたら……自分と息子の関係だけに閉じこもってしまったら、さらに苦しくなることでしょう。

生んでよかったのかと思ってしまうかもしれません。

息子の癇癪を聞きながら、息子を抱きしめながら、私は何度も「ありがたい、ありがたい」とつぶやきます。

親子の愛から、社会の愛へと心を切り替えるのです。

いろいろな気持ちが湧いてきます。

こんな幼くて、ハンディがある子。ろくに片付けも掃除もできない母親から生まれてきた子。

でも、この子も、服を着てるんだな、今日も昨日もご飯食べたんだな、だから生きていて、元気で、こうして泣けてるんだな……。

社会はここにも日常を届けてくれてるんだな…。

ありがたいなあ……と。

そう思うと、いろいろなことが記憶の中でよみがえってきます。

心拍数が低下するなかで、しっかりと対応し、生きて産ませてくれた病院のこと。妊娠中を温かく支えてくれた職場のこと。幼稚園に遅れそうなのに、外出を嫌がって泣き叫ぶ弟を黙って待ってくれていた娘のこと…。この子がいたからこそ、受け取れた愛があることを感じ、本当に心から、生まれてくれてありがとうという気持ちが湧いてくるのです。

癇癪《かんしゃく》が収まるわけではありません。環境は何も変わらず、私の心が変わるだけなのです。癇癪《かんしゃく》で叫んでいることなど、小さなことと思え、そうやって叫ぶ子どもすら、かわいいという思いが湧いてきます。そして、癇癪《かんしゃく》が収まるまで、ゆっくりと抱きしめて、穏やかな心で待てるようになってくるのです。

私だけが、この子を支えているわけじゃない。社会がこの子を支えてくれている。私は、その社会から、この子の一番かわいい姿を見て、この子の苦労を共に分かち合っていく権利を与えてもらったのだ……と。ありがたい、と。

非行少年の親にも、疲れ切って、「生んでしまった自分が悪い」と言う方がいます。自分一人で、子どもの人生を抱え込んでしまっているのです。

親は、もっともっと、社会の愛に甘えていいのです。

自分の人生も、子どもの人生も、自分だけが背負っているわけではありません。私たちも、子どもたちも皆、途方もないほど広い社会の網目に支えられ、生きているのです。

我が子からの支えに気づく

子どもは、親に対して、量りきれないほどのたくさんの愛を持って生まれてきています。

親として完璧な人間はいません。どんな親でも、知らず知らずのうちに、子どもに愛され、許されながら過ごしています。子どもが生まれ持ってきたあふれるほどの愛情が、親の過ちを支えてくれているのです。

親は、自分でも気づかないうちに子どもに対して「ひどいこと」をしています。それでも子どもは変わることなく親を慕い、頼ってくれます。それが、子どもの親への愛です。それなのに、ほとんどの場合、親は、子どもからの愛に気づくことなく、子どもの愛を「甘え」程度に軽く見て、ないがしろにしてしまっています。

そうやって、親が子どもの愛を無視し続けているうちに、子どもは愛を送り続ける意味を見い出せなくなり、親への愛を忘れ去ってしまうのです。

これまで気づかずにいた愛……子どもが自分に向けてくれている愛に思いをめぐらせてみましょう。自分が子どもの立場になってみれば、感じられるはずです。

子どもが頑張って靴を履こうとしている時、「遅い、待っていられない！」と怒り、頑張る子どもの手を払いのけてやってしまう。腹を立てて、「お前なんか、うちの子じゃない」「○○君はできるのに」「どうしてできないの」「ダメな子」などと言う。多くの親さんが、わりと日常的にしていることです。

自分が配偶者に同じことをされたとしましょう。

頑張って料理をしているときに、「遅い、待っていられない！」

と怒られ、勝手にカップラーメンを作って食べ始める。「お前なんか、うちの妻（夫）じゃない」「○○さん家の奥さんはできるのに」「どうしてできないんだ」「ダメな妻だ」などと言われる。

そのとき、そのまま黙って怒られていることができるでしょうか。それが繰り返されても、相手を慕い続けることができるでしょうか。

それでも慕い続けてくれるのは、無償の愛があってこそなのです。

先日、幼稚園児の息子さんを持つお母さんから相談を受けました。

息子さんが言うことを聞かないとき、「違うお母さんが来るよ！」と言うと「イヤだ！！」と言って、言うことを聞いてくれるのだそうです。効果があるのでつい使ってしまうけれど、よくない言い方だと思うし、いつか「いいよ」と言われてしまうのも恐ろしい。どうしたらいいだろう、ということでした。

私はその時、お子さんからお母さんへの深い愛情を感じるとともに、そうやって悩むお母さん自身の深い愛情を感じました。

同時に、「違うお母さんが来る」は明らかな嘘で、やがては子どももそれを見抜き、「いいよ」と答えて、お互いに悲しい思いをすることになるので、やめるべきだと伝えました。

そして、お母さんに提案しました。

「『違うお母さんはイヤだ』という言葉は、お子さんからお母さんへの愛そのものです。お母さんはこれまで、それをきちんと受け取らないままでいたことになります。きちんと受け取る形をとって、その言葉に終止符を打ちましょう。何となくやめるのではなく、お母さんから、しっかりと『もう、二度とこの言葉は言わない』と宣言してください」

「次に『違うお母さん来るよ！』『イヤだ！』のやりとりがあった後、もう一つ、付け加えてほしいのです。『本当に、違うお母さんはイヤなの？　怒られても、このお母さんがいいの？』と。お子さんはうなずいてくれるでしょう。その時に、きちんとお母さんの気持ちを伝えて下さい。『お母さんは嬉しい。お母さんも、あなたのお母さんでいたい。ありがとう』と。そして『もう新しいお母さんは絶対来ないから、一緒に頑張っていこう』と。」

お母さんは言うことを聞かせる切り札を失ったことでしょう。それでも、親子の絆は間違いなく強まったはずです。

親の愛も無償の愛ですが、生まれ出てくる子どもの愛も、無償の愛です。その愛に「気づく」ことがなければ、我が子からの愛は、ないのと一緒です。その愛を受け取らず、受け取り下手の手本を見せているのは、親自身なのです。

子どもが親を慕い、頼ってくれることも、とても大事な支え……「ありがたい」そのものなのです。

もし、一つでも思い当たることがあるとしたら、今からでもお子さんの愛、そしてその愛に支えられていることを感じてください。そして、できれば言葉で、できなければ心の中で、お子さんに「愛してくれてありがとう」のメッセージを送ってあげてください。

「ありがたい」を育てるということ

人の支え、社会の支えは、四六時中感じようと頑張る必要はありません。毎日、少しだけ、感謝の時間を持てればいいのです。お風呂やトイレの中でも、寝る前でもいいので、１分だけでも思い出して、「ありがたいなあ」と感じ、つぶやいてみましょう。習慣にすることで、心の中に浸透していきます。

親が感じて、口に出すことで、子どもの心にも自然と伝わっていきます。「感謝」は親子で感じ、共感し合うことで育ち、伸びていきます。親の「ありがたい」を手本として見せながら、子どもが見つけた些細な「ありがとう」を十分に認め、ほめてあげてください。

お子さんが３歳くらいになれば、「この鉛筆はどうやってうちまでやってきたかな？」と、ヒントを出しながら、一緒に「ありがとうの地図」を書いてみるのも楽しい気づきを促してくれます。そして、実際にスーパーに行ったときに、「あの値札の紙も、どこかから来て私たちを支えてくれているんだね」と一緒に見て、心をつないでいくのです。

私は娘が幼稚園の頃、送り迎えの時間を使って「１日10個のありがとう」というゲームをしていました。

私と娘が、交互に、それぞれ10個ずつ、１日の間に気づいた「ありがとう」を言っていくのです。例えば、私が「お日様、今日も明るくしてくれてありがとう」と言います。娘はそれにヒントを得て「風さん、涼しくしてくれてありがとう」と言います。さらに私が「八百屋のおばさん、おいしいお野菜を売ってくれてありがとう」と言えば、「スーパーの店員さん、今日もお肉を売ってくれてありがとう」と言います。

共に言い合うことで、子どもはいろいろなヒントを見つけ、「ありがたい」に気づいていきます。同時に、子どもの心に、「毎日の生活の中からありがとうを探してみよう」という視点が芽生えてきます。

感謝は必ず、幸せな気持ちとセットです。楽しい気持ちでなければ、心から「ありがとう」を見つけることはできませんから、楽しみながらすることもポイントです。「ありがとうを探しなさい」と押しつけたり、「探さなくては」と負担に感じさせることなく、楽しめる範囲で進めていきます。いつも同じネタしかなくても、「それだけ感謝しているのね」と共感してあげます。

子どもが自分で思いつかないときは「今日はどのお友達と遊んだ？」「お父さんとかはどう？」とヒントを出して、楽しくできるように工夫します。こうして毎日続けていくと、やがて、子どもの方から意外な「ありがとう」を見つけてきます。自然と、人の支え、社会の支えに目が向いてくるのです。

父親の帰りが遅いときなどには、「私たちのために頑張ってくれているんだね」などの一言をプラスしたり、物をいただいたときに「あなたのために心を込めて選んでくれたんだね」などと、見えない支えを口にしてみるのも、よい気づきを促します。

ゴミ箱にゴミを捨てる時にこそ

「ありがたい」を子どもの心に刻み込むために、是非ともお勧めしたい方法があります。

ゴミ箱にゴミを捨てるときに「ありがとう」と言うのです。

ゴミは、社会の網目で自分の所に届けられ、そして、自分のもとでの役割を果たしてくれたものです。社会の支え、家族の支えを結集したものなのです。ゴミに「ありがとう」を伝えることは、その物だけでなく、社会への、そして、それを買えるようにしてくれた家族への「ありがとう」そのものなのです。

初めは照れくさかったり、違和感を感じたりするかもしれません。

それでも、勇気を出して言ってみることです。

言葉は心を作ると言います。

言葉として言うと、脳、つまり心がその意味を考え、その通りに変わっていこうとするのです。まずは、口にすることです。そうやって言葉にしていくうちに、物の奥にある人の支えへ自然と心がつながっていくのです。

ゴミを捨てない日はないでしょうから、ゴミ捨ての時に言うことを心がければ、毎日の習慣にもなります。「ありがとう」の言葉を多く耳に入れることができ、より心に浸透しやすくなります。

最初はご両親が言い始めるようにしましょう。お子さんが「なぜ？」と興味を持ちだしたら、その意味を教えて、一緒に言うように促してあげましょう。

無理に言わせたり、言わなかったことを気にしたりすると、逆に心をとがらせてしまいます。少しずつ、言う習慣が付けばいいのです。感謝は自然に湧いてくることが大事です。子どもが忘れているときは、親が代わりに言っても構いません。あくまで楽しく伝えるようにしてください。

ゴミに「ありがとう」を言うことは、感謝の心を育むと同時に、「どんな些細な物にも価値がある」ということを伝えることにもなります。

例えば絆創膏の包み紙を考えてみましょう。絆創膏を使う瞬間にははがされてゴミ箱に捨てられる物ですが、その包み紙がなければ、私たちは絆創膏を使うことはできません。その包み紙にも、十分な「ありがとう」の価値があるのです。

多くの人は、社会の中で脚光を浴びることもなく、「ありふれた人」として、普通に暮らしていきます。

ゴミ箱への「ありがとう」は、目立つ人生、脚光を浴びる人生ばかりが価値のある人生ではないこと…絆創膏の包み紙のように、どんな目立たない人にも、どんな地味な人生にも、すばらしい価値があることを伝える最高の体験になるのです。

「どんな人にも価値がある」「オンリーワン」「あなたが大事」という言葉は、子どもに価値を伝えるための「テクニック」です。

ゴミを捨てる度に「ありがとう」を言う親の姿は、些細な物の存在を大事にし、感謝する「まるごと一つの親」の姿です。そうやって、惜しみなく感謝を口にする「まるごと一つの親」とふれあってきた経験こそが、揺るぎない、確かな感性を作っていくのです。

<第三編　その１で伝えたかったこと>

★　人の支え、社会の支えに気づくというのは、「ありがたい」を知るということです。

ありがたいに気づくためには、①自分が直接目にしていない労力や手間に思いをめぐらせること②当たり前に受け取っている物をもう一度意識すること③漠然としか感じていない支えの、細かな一つ一つに目を向け、それを積み重ね、繰り返すことの大変さを知ることを心がけましょう。

そうすると、人や社会の支えの大きさに気づき、人や社会の愛を感じることができます。

★　家族の支えや社会の支えは、一つ一つを取り出してみると、莫大な数と量にのぼります。

一人の人の日常は、途方もないほど広く細かい社会の網目に支えられています。

★　人や社会の支えを知れば、「自分は支えられる価値がある」という自信につながり、感謝という最高の力を得ることができます。

★　どんな力のない人も、感謝によって人を喜ばせ、支えることができます。

★　感謝を感じると、心は必ず幸せになります。自分と相手だけの関係にとどまらず、いろいろな人や物に視野を広げていけば、必ず人の支えを感じ、感謝の力を得られます。

★　どんな環境でも幸せを見いだせる子どもを育てるには、親の愛に偏らず、社会の愛を十分に伝えていくことが大事です。

★　親自身も社会の愛を感じ、甘えていきましょう。また、自分に向けられている「我が子からの愛」に気づきましょう。

★　親自身が毎日「ありがたい」を感じる時間を作り、感謝の言葉を口にすることで、子どもにも「ありがたい」の心が伝わります。

★　ゴミ箱にゴミを捨てるときに「ありがとう」を言いましょう。

人の支え、社会の支えを感じる心が自然と育ってきます。また、全ての物に価値があるという最大の体験になります。

【その２】

「自分の世界は自分が選ぶ」

物の見かたはいろいろ

一つの物には、いろいろな見かた、評価のしかたがあります。

例えば、一個のコップでも、上から見るか、斜めから見るか、中から見るか、虫眼鏡で拡大して見るか、100メートル向こうから見るか、100年前の人々の視点から見るか……等々、見かたを変えれば、いろいろな形や大きさで見ることができます。

このコップをどう評価するかも、「材質」「デザイン」「価格」「機能」「必要性」「好み」「同じ物を持っているか」「類似商品との違い」「机に置き場所はあるか」……等々、いろいろな方法があります。

どう使うかも、いろいろな方法があります。

飲み物を入れて使うこともできますし、飾って鑑賞することもできます。ペンやクリップを入れて、文具入れの代わりにすることもできます。使わずに、押し入れの奥にしまい込むこともできますし、人にプレゼントして、喜んでもらうこともできます。

コップの持ち主が、それを選んでいくのです。

自分の環境も一緒です。同じ環境、同じ仕事でも、いろいろな評価の仕方や使い道があり、一人一人が自分でそれを選んでいます。そして、そうやって選んだ物の見かたが、その人の幸せを左右しているのです。

一つの昔話を読んでみましょう。
三人のレンガ職人、というお話です。

三人のレンガ職人

とても暑い夏の日のことでした。

照りつける日差しの中で、
三人の男が汗だくになって、重たいレンガを積んでいました。

一人の旅人が通りがかりました。

まず、旅人は、一人目の男に聞きました。
「何をしているのですか？」

一人目の男は不機嫌そうに答えました。

「見れば分かるだろ」

「レンガを積んでいるんだよ」
「こんなくそ暑い中で、重たいレンガを積んでいるんだよ」

次に、旅人は、二人目の男に聞きました。
「何をしているのですか？」

二人目の男は涼しい顔で答えました。

「何をって、仕事ですよ」
「今日一日働けば、銀貨が一枚もらえます」
「生活があるんでね。仕事はきついけど、悪い稼ぎでもないでしょ。」

最後に、旅人は、三人目の男に聞きました。
「何をしているのですか？」

三人目の男は、目を輝かせながら答えました。

「私はね、教会を造っているのです」
「これができれば、多くの人が礼拝に来て、子どもたちが庭で遊びます」
「考えるだけで、楽しみなのですよ」

三人の男にお礼を言って、旅人は、もとの旅路に戻りました。
その足取りは、少し軽やかになったようでした。

終

「なぜ」「なんのために」が人の心を左右する

三人の男は、全く同じ場所、同じ条件で、全く同じ仕事をしています。レンガ積みという仕事をどのように見ているかという、物の見かた、視点が違うだけです。

一人目の男には、「今の自分」という視点しかありません。目の前の、レンガ積みという重労働があるだけです。だから、「つらい」「大変だ」としか思えないのです。

二人目の男は、「自分の生活」という視点を持っています。生活という目的を意識しながら、その一部として、レンガ積みの仕事をみています。だから、幸せでもないけれど、納得しているのです。

三人目の男は、「未来、そして他者貢献」という視点を持っています。自分のしている仕事で幸せになる人々のことを思い浮かべ、その人々と心をつなげています。自分がしている仕事には、すばらしい意味があると確信しています。だから、重労働をしていても幸せな気持ちでいられるのです。

人は、自分が味わっている苦労そのものより、「どうして自分がその苦労を味わわなければならないのか」という、根拠や意味に悩むと言われています。

スポーツのトレーニング段階で脱落する主な原因も、トレーニング自体がつらいからというよりも、「こんなトレーニングをして、本当に意味があるのか」と思うからだそうです。

「自分の、今の、この状態」だけで意味を見いだそうとすれば、本当に狭い視野に凝り固まり、世界を苦しさで一杯にしてしまうことになります。今、この作業がつらいのは事実だからです。一人目のレンガ職人のように、不満ばかりを感じることになるでしょう。

「明日の自分から見たらどうだろうか」
「10年後から見たらどうだろうか」
「家族にとってはどうだろうか」
「だれか、これを喜ぶ人はいるだろうか」

コップをいろいろな角度から見ていくように、視野をいっぱいに広げて、一つの物事を、いろいろな角度、いろいろな時間軸からみてみましょう。見いだせる意味の数も、どんどん増えていきます。二人目のレンガ職人、そして、三人目のレンガ職人のように、「この仕事」にとどまらない物の見かたができるのです。

「いろいろな人がいれば、いろいろな物の見かたがある」といいます。いわゆる「価値観の違い」です。

ここまでは、誰しもが分かっていることです。

幸せの感性を最大限に働かせるには、もう一つ、大事なことがあります。それは、「いろいろな視点」と「自分」とをつなぐのです。

自分の心の目も、その「いろいろな物の見かた」に自由につなげることができるということです。言い換えれば「物の見かたは、自分で探せるし、自分で選べる」ということ…「幸せか、不幸せかは、自分で選べる」ということなのです。

そうやって多様な視野を持ち、その中から、最高の視点を選んでいけば、どんな環境や出来事からも、幸せにつながる意味を拾い上げていくことができます。自分の人生を、自分の望むようにアレンジすることができるのです。

「どう見るか」は100％自分で決められる

自分の全てを選んで生まれることができた人はいません。

性別も、生まれた国や地域も、時代も、両親も、生まれた瞬間に決まっています。

人生を歩む中で、自分が得る物や、起こる出来事も、全てを選ぶことはできません。どんな人と出会うか、どんな学校に入るか、どんな仕事に就くか、どれほどのお金を得るか……全てを自分で決められる人はいないはずです。
それでも、三人のレンガ職人たちのように、その環境をどう見るかは、全て自分で選ぶことができます。
他人が「こう思うべきだ」と干渉してきたとしても、本当に心を動かすことができるのは、自分しかいません。自分の環境、今いる自分をどう見るかは、間違いなく、100％自分で決めることができ、自分が決めているのです。

視点を選ぶことは、決して難しいことではありません。
まずは、「物の見かたはたくさんある」「それは、全て自分で選べるし、選んでいる」ということに気づくことです。
次は、事実を素直に認めることです。
「レンガ積みをしている」なら、それを認めます。「レンガ積みなんてイヤだ」と「レンガ積み」を否定しても、仕方がないのです。
「今、お金がない」なら、それはそれで認めます。「今日のテストは 50 点」であれば、それはそれで認めます。
事実は事実として受け入れた上で、その事実が持つ様々な意味を考えつつ、「もっと広い視点から考えたらどうだろう」と考えてみるのです。マイナスの見かたをしているなら、「もっと違う見かたがあるかも」「もっといい捉え方があるかも」「自分が選んでいるなら、一番いい見かたを選んでみよう」と考えてみるだけなのです。

例えば、電車に一本乗り遅れたとします。「この電車に乗れなかったこと」は事実なので、いつまでこだわっていても仕方がありません。「この電車に乗れなかった」という事実を認めた上で、どうとらえるかを考えるのです。「向こうの駅に着いてからダッシュすれば大丈夫かも」「この一本を逃したことも、人生全体から見たら全く影響はない。メールの返信でもしよう」というように。

「今」にこだわらないことも大事です。今は、悪い意味しか思いつかなくても、後から考えるといい意味が見いだせることも多いものです。今、意味を決めようとせず、後から考えよう、とのんびり構えれば、よりよい意味づけにつながることがあります。

「なぜそうなったか」という理由で深く悩むのも、視野を広げるのを邪魔します。「なぜ」は過去のことであり、「なぜ」で悩んでいる限り、視点を未来へ切り替えられないからです。

「なぜこうなったか」を知るメリットは、「この事実を、今後の人生にどう活かすか」を考えるための一部分に過ぎません。

自由な視点を選ぶためには、その一部分を離れ、全体を視野に入れる必要があります。

「なぜ、こうなのか」と考えたくなったら、「この事実は、自分の人生にどう使えるか」に視点を広げてみましょう。「今回電車に乗り遅れたのはなぜか」と閉じこもらずに「今回乗り遅れた反省をどう活かすか」と、もう一歩踏み出してみるのです。

視点選びの習慣をつける

プラス思考、マイナス思考というように、頑張らなくても幸せな物の見かたができる人と、どうしても不幸せな物の見かたをしてしまう人がいます。

物の見かたは、心の習慣です。

箸の持ち方や、歩き方と一緒で、一朝一夕では身につきませんが、繰り返し頑張っていれば、必ず身につけることができます。普段から、幸せな物の見かたをするように心がけ、それを言葉にしていけば、幸せな物の見かたが、自然と身についてきます。

心が暗くなりそうなときには、その都度、言い換えと、発想の転換を試みてみることです。気に入らない、と思う物があれば、気に入るような見かたはないか考えてみます。どうしても気に入らないなら、「忘れる、気にしない」というのも一つの発想の転換です。視野を広げて「自分の人生全体から見たら、どうでもいいことかも」「他の人は気に入っているというなら、それはそれでいいのかも」と考えることもできます。

「これしかできなかった」「これしかもらえない」は、「ここまでできた」「これだけはもらえる」と言い換えることができます。

欲しくても手に入らなかった物があれば、それがなくても楽しく生きる方法がないかを考えることができます。

どんな人でも、後悔や失敗があるはずです。そこで「最悪だ」

「ついてない」と決めつけず、学びの機会と考えることもできます。未来の自分の笑い話にすることもできます。今のうちに経験しておいてよかった、と思うこともできます。失ったものがあれば、「失ったこと」ではなく、失うまでの間、そこから得られてきた喜びを、しっかりとかみしめ、感謝することもできます。

そして、いい物の見かたができたら、それ以上考えないことも大事です。いい状態のまま、気持ちを切り替え、忘れるのです。「でも……」と、悪い意味が思い浮かびそうになっても「ナシ、ナシ」「ハイ、次へ行こう」と、違うことへ気持ちを向けていくのです。

そうやって、いいことに目を向けるようにすれば、「自分の人生もいいものだ」という好ましい「偏見」が出てきます。そうすると、自然といい物が目につくようになってきます。

好きな相手ならいい所ばかり目に付き、嫌いな相手なら嫌な所ばかり目につくのと同じです。「自分は幸せだ」というプラス思考の癖が、プラスの出来事に気づかせてくれるのです。

「誰かが意味をつける」から「自分で意味を選んでいく」へ

嫌なことが起こったとき、「この出来事が今、自分に起こったということは、何か特別な意味があるに違いない」と考え、プラスに持って行こうとする考え方があります。

嫌なことを「イヤ」だけで終わらせない、プラスの考え方です。

この考え方は、さらにもう一歩進めることができます。

「何か意味がある」と、誰かがそこに意味をつけていると考えるのではなく、自分で意味を選ぶと考えるのです。そして、「この出来事は、一見すると嫌な出来事だ。でも、物の見かたはいろいろある。私は、この、嫌な出来事のなかから、一番すばらしい意味を見いだそう。そして、一番いい使い方をしよう」と考えるのです。

私は、生きていくというのは、何万個ものシャボン玉の浮かぶ広野を歩いていくことだと思っています。

そのシャボン玉は「物」「環境」「出来事」などの事実が姿を変えた、不思議なシャボン玉です。それぞれのシャボン玉の中に、いろいろな色の石が入っています。明るく、美しく輝く宝石もあれば、暗く悲しい色の石もあります。

私たちはシャボン玉を割りながら、人生という広野を歩いていきます。頑張らないと割れないシャボン玉もあれば、自然に割れてしまうシャボン玉もあります。一つのシャボン玉をねらって割ったら、間違って隣のシャボン玉が割れてしまった……思いがけない出来事にぶつかった、ということもあります。どのシャボン玉を割るかは、全て選べるわけではないのです。

シャボン玉を割ると、中の石が落ちてきます。

私たちは、自分が割ったシャボン玉の中から、自分で好きな石を選び、拾ってカバンに入れていきます。自分のカバンの中に、どんな石が詰まっているか……それが、その人の人生であり、幸せそのものなのです。

シャボン玉は「出来事」の化身ですから、中身はそれぞれ違います。「大金を入手」「試験に合格」というように、美しい宝石がたくさん入った嬉しいシャボン玉もあれば、「事故」「病気」のように、暗い色の石がたくさん入った悲しいシャボン玉もあります。

ただ、その嬉しいシャボン玉の中にも、「浪費の始まり」「成績へのプレッシャー」など、暗い石も入っているかもしれません。逆に、悲しいシャボン玉の中にも、かならず「人の支え」「健康の大事さを実感」などの、美しい色の宝石が入っています。

どんな石を拾うかは、その人の物の見かたが決めていきます。「自分で最高の人生を作り上げよう」と思う人は、どんなシャボン玉の中からも、最も美しい石を探し、拾い上げていくでしょう。「人生はされるがままにしかならない」と思う人は、一番多く入っている色の石を拾っていくでしょう。マイナスの物の見かたを持っている人は、暗い石ばかりが目についてしまうことでしょう。
「どんなシャボン玉の中にもいい石はある」
「どんな石を選ぶかは、自分次第」
「どうしてもいい石を見つけられないなら、今は忘れて、後から考えればいい」
そう信じて拾い続けること…様々な出来事の中の、最高の意味を見いだそうとし続けていくことで、どんな環境のもとでも、人生のカバンは美しい宝石で一杯になるのです。

過去は、いくらでも変えられる

過去に、どのシャボン玉を割ったかは、過去に起こった事実そのものです。割りたくないシャボン玉を割ってしまったとしても、それを取り消すことも、変えることもできません。

それでも、私たちには、すばらしい特権があります。
それは、生きている限り、いつでも、何度でも、それぞれのシャボン玉を割った場所に戻れるということです。そして、古い石を捨てて、もう一度、地面に散らばる石の中から、新しい石を選び直すことができるのです。
それは、過去をもう一度考え直すことかもしれません。あるいは、何かの行動を起こすことかもしれません。

小学生の娘との間で、こんなエピソードがありました。夕方に、私の娘が、叔母（私の義妹）が近くに来ているから、晩ご飯の煮物を持って行ってあげたい、と言い出したのです。私は躊躇《ちゅうちょ》しました。その日の煮物は失敗作で、義妹にあげたいような出来ではなかったからです。ただ「今日の煮物は失敗した」と言うと、子どもも食べたがらなくなる、と思った私は、とっさに「今日は家族の分ぎりぎりしか作っていないから持って行けない」と答えてしまいました。

その夜、私は、嘘をついた上に、娘の優しい心をむげに扱ってしまったことをとても後悔しました。

次の日、私は娘に本当のことを話し、謝りました。

娘は納得して、「お母さんはいつも、嘘をつくことよりも、嘘を隠すことがいけないって言っているけど、こうやって謝ったらいいってことなんだね」と言ってくれました。このエピソードは、今は、母子のいい思い出となっています。

過去の過ちも、後悔し続けることなく、新しい意味を見いだすための行動をすれば、未来への一歩に変えることができるのです。

暗い色の石を捨て、明るく輝く石を拾い上げてみると、その光で、今まで見えていなかった新しい石が見えてくることもあります。

私は小学校のころ、苦手な担任の先生がいました。自分は嫌われていて、自分ばかり怒られているという印象を持っていました。特に、きちんと書けていたはずの作文を「きちんと書いていない」とクラスメイトの前で怒られたのが、一番の嫌な思い出でした。

学年が変わり、その先生は私の担任ではなくなりました。その後、機会があり、先生が私に１冊の本を送ってくれました。その本の裏表紙に、先生の字でこう書いてありました。

「あなたには、困難を乗り越えて、夢をかなえる力があります。もっと大きな世界へ向かって羽ばたいてください。」

それを読んだ私は、「先生は、私が嫌いだから怒っていたのではなく、私を伸ばそうとしてくれていたのだ」と気づきました。そして、違う作文のとき、先生がわざわざ自分を呼んでほめてくれていたことを思い出しました。見かたを変えたことで、埋もれていた記憶が戻ってきたのです。

子どもの環境を整えるより、物の見かたを育てる

子どもを幸せにしよう、と思うと、「いい学校に入れたい」「いい仕事に就かせたい」「お金持ちにしてあげたい」というように、良い環境を整えることに傾いてしまいがちです。

ところが、これは、「親から見た幸せ」です。子どもがそれを「幸せ」と感じなければ、子どもの本当の幸せにはつながりません。

ある窃盗犯の少女の審判で、私はそれを痛感しました。

その少女は、デパートから大量の服や宝飾品を盗んで裁判所に来ました。かなりの回数を重ねていなければできないような、巧妙な手口でした。少女の家は裕福で、親は娘を心から愛していました。高価な物をたくさん買ってもらい、いい教育を受け、いい学校へ行っていました。親は「子どもの幸せのために最大限頑張ってきた」と考えていました。ところが、少女は、自分の環境について、「プレッシャーになっただけ」「親には不満しか感じていない」と言いました。

少女の親は、物を与え、環境を整えることを全てと思い、子どもが自分の環境を「どう見るか」に目を向けていませんでした。無計画に与えすぎることで、幸せの感性が育つのを邪魔してしまっていたのです。「幸せの感性」が育っていない少女には、豊かで不自由のない環境も「幸せ」とは受け取れませんでした。物をもらえるのは「当たり前」であり、その中から不満を探すことばかりを考えていました。美しい宝石だらけのシャボン玉の中から、あえて暗い色の宝石ばかりを選び続けていたのです。愛情表現だったはずの親の行動が、そのような心を育ててしまっていたのです。

子どもを幸せにするというのは、幸せになる物の見かたを育てるということです。「物の見かたはいろいろ」ということに気づかせ、「せっかくだから、最高にいい物の見かたを選ぼう」という「思考の習慣」を身につけてあげることです。

先ほどの窃盗犯の少女のように、子どもの「どう見るか」という心の動きを考えずに、無計画に物を与えるのは、「もらえるのが当たり前」「もらえないのはおかしい」という物の見かたを育て、幸せの感性を鈍らせてしまいます。我慢する経験があってこそ、「もらえるのは特別」という思いが生まれ、「もらえる喜び」に心がつながっていくのです。

与えてもらうことで、子どもは本当に喜びを感じるのか。惰性や当たり前になっていないか。親も喜びを共感できそうか…もう一度冷静になって考えてみてください。

そして無計画に物を与える習慣がついていたとしたら、覚悟を決めて、子どもの心の「当たり前」を塗り替えていく必要があります。

「もらって当たり前」では幸せになれないこと、無計画に物を与えることはもうしないことをしっかり伝え、「おもちゃは誕生日とクリスマスだけ」「お菓子は１週間に２回まで」など、きちんとルールを定め、親子で守るのです。

最初は子どもからの抵抗があるかもしれませんが、親がそこで揺るがないことが大事です。早ければ早いほど、親の決意が固ければ固いほど、子どもはスムーズに慣れてくれます。

子どもの駄々にも、「買わないよ」「クリスマスまで待とうね」とだけ、穏やかな声で、短く伝えます。

子どもの「今回だけどうしても」「みんな持ってる」などの言葉に細かく応対するのも禁物です。親は納得させようと思って答えていきますが、子どもは「ほしい」という気持ちを満たしてもらえない限り、納得できなくて当たり前なのです。

逆に、「みんなって誰？」などと新しい論点を作ってしまうと、子どもは「みんな持っていると分かってもらえなかったから買ってもらえなかった」と勘違いしてしまい、ルールは定着せず、我慢の大事さも学べなくなります。

こうやって、ルールを守らせた上でのプレゼントは、「制限付きのプレゼント」ですから、「当たり前」ではありません。子どもも本当にほしい物は何かをしっかりと考えるようになっていきます。

子どもが選んだ物が親の気に入る物ではなかったとしても、「よく待てたね」「待った末のプレゼントは本当に嬉しいね」と「まるごと一つの親」で、子どもの心に共感し、喜びを表現して、幸せな物の見かたの手本を見せてあげることが大事です。

よい言葉を聞かせることがよい物の見かたを育てる

物の見かたを育てるには、親が普段の生活での言葉を選んでいくことも大事です。親が、意識して「よい言葉」を使うのです。「よい言葉」というのは、上品な言葉という意味ではなく、「心がよいイメージを描ける言葉」や「プラスの評価に着目した言葉」です。

よいイメージを描く言葉を選ぶというのは、例えば、だらしない服の着方に対して、「そんな服の着方じゃみんなに嫌われるよ」ではなく、「きちんとシャツを入れたらみんなに好かれるよ」という言い方をする、ということです。「みんなに嫌われる」という悲しい場面ではなく「みんなに好かれる」という嬉しい場面を心の中に描かせるのです。

そしてプラス評価に着目した言葉というのは、例えば、1時間のイベントの中で、楽しい時間が30分、退屈な時間が30分だったとしたら、「半分は退屈だったね」ではなく、「半分は楽しめて、よかった」と、いい評価の声かけをします。テストが50点だとしたら、「半分しかできなかったのか」というより、「半分はできたのか」「もっと良くなるように、今後も頑張っていこう」と、プラスの点にも着目していくのです。

幼少期からよい言葉をたくさん聞いていれば、それだけよいイメージを描いたり、よい評価をする習慣がつきます。逆に、悪いイメージやマイナス評価の言葉ばかりを使っていれば、そういう物の見かたが身についてしまいます。

悪いところを指摘すると、しっかり評価したような気分になりがちですが、子どもの物の見かたを育てるには逆効果です。「どこが不満か」ばかりを探し、良い所に着目できない心を育ててしまうのです。よい言葉を聞かせていれば、よい物の見かたをする習慣がつき、好ましくないもののなかからも「いい所を探そう」と自然に考えられるようになるのです。

悪い物の見かたは、早々に忘れる訓練も大事です。

叱った後に、いつまでもそれを引きずらず、「十分反省したな。じゃあ、嫌なことは忘れて次のことをやろう」「ここで失敗した分、こっちを頑張って見せて」と積極的に切り替えを促します。

叱られたばかりの子どもが楽しく遊び始めると、親は、「今叱ったばかりなのに遊び出すなんて、本当に反省しているのか！」と、つい蒸し返したくなります。それは、親が悪いことを引きずるという悪い思考の習慣を身につけてしまっているのです。それを子どもに押しつけようとせず、むしろ、「この子は立ち直りが早いな！私が見習っていこう」と、喜んであげましょう。

子どもが楽しいことの話をしているときに「でも…」と口を挟んで悪い点や悪い予測をいうのも、悪い思考の習慣をつける一因となります。むしろ、子どもが嫌そうなときに、「嫌だと思っているんだな」という事実（気持ち）を認めた上で、「嫌な部分も多かったんだね、でもこういういい点もあったかもね」とよい部分もあったことをやんわりと伝えてあげるのがいいでしょう。

ただし、思考の習慣をつけるのは子ども自身です。親の最大の役目は「まるごと一つの親」がよい思考の習慣の手本になることです。押しつけず、いい反応を期待せず、提案して、耳に入れたところで、返事を強制せずに身を引きましょう。

「幸せの二本柱」と「より幸せに」は両立する

「幸せの感性の二本柱」について話をしたとき、「今、子どもの保育園を変えようと思っています。いいところもあるけれど、どうしても園の保育方針に納得できないのです。これは、ありがたいを理解せず、不満ばかりの物の見かたをしてしまっている、ということなのでしょうか」という質問を受けました。

ありがたいを感じ、物の見かたを選ぶということは、どんな現状でもそのまま受け入れろ、ということではありません。自分の行動で改善できる行動があるなら、しっかりと変えていくべきです。

幸せの二本柱を持たない心というのは、そこから得ているものを見ようともせずに、「あの点がダメだ」「不満だ」と自分の理想と違うところばかり見てしまう心です。そして、自ら行動しようともせず、「自分が今ダメなのは○○のせい」「どうせ変えられない」と、被害者になりきってしまう心です。

ありがたいを感じ、よい物の見かたを選ぶなら、不満がある反面、今の環境から得ているものはないか、自分はそれを「当たり前」と思って忘れてしまっていないか、きちんと考えることは必要です。同時に、広い視野を持って、環境を変える目的や見通しをしっかり持たなくてはいけません。

その上で、自分の行動によってよりよい環境を作り出そうとすることは、不満に凝り固まり、被害者の顔をすることとは違います。今という事実を認め、さらに、未来の幸せという目的を見据えて自分でよりよい未来を作ろうとしていることです。「ありがたい」とも、「物の見かたは選べる」とも両立します。

そして、新しい環境に移った後には、これまでの不自由だった環境を「不満だった」という暗い色に染め上げてしまわずに、「あの頃があったから、自分の今がある」「こうやって新しい環境を作れたのも、いろいろな支えがあってこそ」と感謝を感じ、よい物の見かたを選んでいけばいいのです。

たった５度でも未来は変わる

自分の思考の習慣や、子どもへの声かけの習慣は、これまでの長い間で身につけたものです。もっと良くしよう、と考えたとしても、ああしなければ、こうしなければと思えば思うほど、「難しい」という思いも強くなってきます。

今日から大転換をしよう、と意気込む必要はありません。みそ汁にダシの素を振り入れるつもりで、ほんのわずかでも、いい思考の習慣を続けてみましょう。

上を向くのは、たったの５度で十分なのです。

５度というのは、ホールケーキを72個（！）に切ったときの角度です。食べた気もしないほど、ペラペラの角度です。

たったの５度だけ、角度を上に向けて、１キロメートル先へ行ってみましょう。どれだけ高くなっていると思いますか？

答えは、87 メートル。ビルの 20 階の高さです。

子育ては 10 年、20 年計画です。たったの５度、前向きになっただけで、とても大きな差が付きます。

１日１回でも、いい言い換えやプラスの発想をする。

悪いことは、１分でも早く忘れる。怒った後には、いつまでも怒りを引きずらず、子どもに「次は必ず挽回しよう、今は気持ちを切り替えよう」と伝えてあげる。

寝るときになって「今日は何もできなかった」「今日はつらかった」と思ったら、「明日は今日よりいい日になるよ」と、言って寝てみましょう。

その一言だけで、子どもの心を５度上に向けてくれるのです。

そのわずかな向きの違いが、10 年後、20 年後には、お子さんのよい思考の習慣の土台となってくれるのです。

「己育て」から「子育て」へ

第二編・第三編で、「気づく」と「つなぐ」という幸せの感性の正体、そして、「自分と周囲の本当の関係」「物の見かたは選べる」という、二つの幸せの感性の素を知っていただけたと思います。

まずは、親自身が、自分の生活に当てはめて、いろいろな「自分と社会の真の関係」に気づき、心をつないでみましょう。そうやって、今までとは違う物の見かたを選んでいけば、より多くの幸せの素を捕まえていけるようになるはずです。ダシを付け加えるだけとはいえ、自分を「まるごと一つ」育てていくのですから、すぐにできなくても当たり前です。「子育て」を頑張りつつも、「己育て」は続いていくのです。

さて、「己育て」がある程度進んだら、それを「子育て」へと広げていきましょう。ダシを加えた「まるごと一つの親」を子どもに伝え、子どもの心に「幸せの感性」という最高のダシを入れてあげるのです。

さて、おいしい料理を作るためには、知識を持ち、手順を守ることが必要なように、「心育て」にも大事な知識やルールがあります。

第四編では、「己育て」を「子育て」にする大事なルールをお伝えします。

<第三編　その2で伝えたかったこと>

★　物や環境、出来事には、必ずいろいろな評価のしかたがあります。いろいろな幸せを決めているのは、環境や出来事ではなく、それをどう見るかというその人の評価です。

★「いろいろな視点がある」ということに加え「それは自分で選べるし、選んでいる」ということに気づきましょう。そして、よい評価の言葉をどんどん口にして、幸せな物の見かたをする習慣をつけていきましょう。

★　人は、環境や出来事そのものより、自分がそういう環境に置かれる意味を考えて悩みます。

意味を見いだせなかったり、悪い意味づけをしてしまえば、不幸せになっていきますし、よい意味づけをすることができれば、幸せになっていくことができます。

★　物や環境は、自分で全部は選べません。ただ、この世界を「どう見るか」は、100％自分で選ぶことができます。

事実を認め、評価を選んで、「だれかが意味を決める」から「自分で意味をつける」へ進んでいきましょう。

★　物や環境を整えるだけでは幸せにつながりません。無計画に与えることは、むしろ「当たり前」を増やし、幸せの感性を鈍らせます。心に着目しつつ、与えるようにしましょう。

★　親自身がいい評価の言葉を使い、悪いことは早く忘れ、蒸し返さないようにして、子どもの幸せな物の見かたの習慣を育ててあげましょう。

★　たったの５度だけ上を向いて、１キロメートル先へ行けば、20 階の高さになるように、ほんの少しの言い換えや発想の転換が、将来には大きな力になってきます。

無理をせず、10 年、20 年後を視野に、「一日一回でも」「ほんの一言でも」の上向きを続けていきましょう。

第四編

子どもの「幸せの感性」を育てるために

【その１】

種まき思考で力を引き出す

「教えること」と「引き出すこと」

子育てには、「教えること」と「引き出すこと」があります。この２つをしっかりと区別し、使い分けることが大事です。

「教える」と「引き出す」は、やり方も違えば、効果も違います。この２つを組み合わせて使うことも多くあります。どこまでが教える場面で、どこからが引き出す場面かをしっかり区別していないと、子どもに無理を強いたり、いわゆる過保護・過干渉になって、子どもの成長を妨げたりすることになりかねません。過保護・過干渉を防ぎ、子どもの成長を支えるには、まず、「教えること」と「引き出すこと」をしっかり区別する必要があります。

大人から子どもへの働きかけというと、つい「いろいろ教えてあげなければ」と思ってしまいがちです。ところが、人間は、誰でも、いろいろな力を持って生まれてきます。人が歩けるのも、言葉で会話できるのも、もともとその力を持っており、それが、環境の中で適切に引き出されたからです。

「教える」というのは、言い換えると、大人が決めた社会の枠にはめることでもあります。枠は必要ですが、枠を分厚くしすぎると、本来の形がゆがんでしまいます。「引き出すこと」の存在をきちんと視野に入れて、「教えること」を選んでいくことが大事なのです。

「教えること」というのは、安全に、便利に、人と調和して生きるための「知識」や「経験」です。

代表的なのは、「危険の回避」「物の使い方」「ルール」「マナー」です。これらは全て、特定の文化の中での決まりごとや、先人の知恵の集積です。生まれながらに持っているものではありませんから、教えて付け加える必要があります。

「教える」場面での親の役割は、「これはこういうものだ」しっかりと伝え、その場ですぐに行動させることです。

子どもが道路に飛び出そうとすれば、「危ない」と教え、すぐにやめさせなければなりませんし、ルールやマナーも、その都度教えて、その場で改善させる必要があります。ハサミや箸の使い方も、まずは教えなければ、便利に使いこなすことはできません。

教えれば「こうすればいい」「こうしてはいけない」と知識が頭に入ります。「分かる」という状態です。そして、その場で間違いを正したり、今後の努力目標にすることができるようになります。

ここでの注意点は、「教える」の効果は「分かる」であって「できる」ではないということです。「教えること」のテリトリーは、その場限りであり、今後、自発的に同じようなことができるかどうかは、本人の能力がその知識を応用できるほど育っているか次第なのです。
「教えたから、できるはず」と考えるのは、「分かる」と「できる」を混同してしまっているのです。自分で考え、自発的に行動するということ、つまり「できる」ということは、「引き出すこと」のテリトリーなのです。

「引き出すこと」というのは、子どもが、生まれながらに持っている力です。「引き出すこと」は、外からのいろいろな働きかけを受けながら、時間をかけて子どもの内側で育っていきます。そして、十分に育ち、熟した段階で、殻を破るように自発的な行動として外に出てきます。
「引き出すこと」は、育てる段階がありますから、すぐに効果が出るわけではありません。「引き出すこと」での親の役割は、子どもの内側で、よいものが育つように働きかけ、同時に、育ったものを外に出すきっかけを与えてあげることです。
「引き出すこと」の代表は、「能力」「意欲」「感性」です。
　どの赤ちゃんもそれぞれの個性に応じた「能力」「意欲」「感性」を持って生まれてきます。ただ、生まれたときには、まだいろいろなものが整理されずにごちゃごちゃに混ざり合っています。それがどのように整理され、どのような形で外に出るかは、親や周囲からの働きかけにかかってきます。
　一方で、「この能力をつけろ」「こういう意欲を持て」「こう感じろ」と言われても、その通りになる人はいません。「引き出すこと」には、ストレートに教えることも、すぐに効果を求めることもできないのです。時間と手間をかけた「引き出す作業」が必要なのです。

引き出す作業は「経験」

引き出す作業というのは、「経験させること」の一言に尽きます。

ハサミの使い方を教えたとしても、すぐに上手に切れるわけではないように、知識を得ただけでいろいろなことができるわけではありません。ハサミの使い方という「知識」はあっても、経験がないので、ハサミを使う「能力」が育っていないのです。

経験を重ねていくうちに、能力が育ち、自在にハサミを使えるようになります。「分かる」が「できる」になるのです。

一見かんたんに見える、言葉や挨拶等も同じです。

「お世話になったら『ありがとう』と言いなさい」と教えても、別の機会でもきちんと言うとは限りません。知識は得たものの、経験が少ないので、「ありがとう」を感じる感性と、それを伝えたいという意欲が育っていないからです。同じ場面を何度も経験しているうちに、感性や意欲が育ち、自ら言葉が出てくるようになります。

しつけや教育のほとんどは、やり方を教えて、「分かる」を作り、経験させて「できる」に高めるという、「教える」＋「引き出す」の繰り返しです。
「教えたのに、何でできないのか」「何回同じことを言わせるんだ」というのは、親自身が「教えること＝分かる」と「引き出すこと＝できる」を区別できていない証拠です。「できる」ためには、それを育て、引き出すような経験を積ませなければなりません。親は急かすのではなく、経験の場を与えるべきなのです。

「きっかけ・見守る・待つ」の「種まき思考」を

経験をすれば、子どもの内側には、その種が蒔かれます。そして、経験を繰り返すうちに、蒔かれた種がどんどん育ち、子ども自身の能力や意欲、感性を作りあげていきます。

子どもに多くの経験を積ませ、生まれ持った力を最大限に引き出していくために、親が守るべき大事な心がけが２つあります。

一つめは、きっかけを与えること。妨げないことです。
「まだ早い」「必要ない」「逆に時間がかかって面倒くさい」と渋らずに、子どもが興味を持ったことは極力経験させてあげます。例えば、料理や掃除などの家事に興味を持てば、手間になっても、ほんの一部でも経験させるのです。文字を書きたがれば、２歳でも３歳でも、書かせてみます。「経験」が目的ですから、結果的にうまく書けなくてもいいのです。

そして、子どもが知らないことや、自ら興味を持たないことは、親が楽しそうにやってみたり、嫌がらない範囲で教えてあげたりして、子どもが興味を持つきっかけを与えてみます。

二つめは、見守って、待つことです。教えることはその場ですぐ行動することが必要ですが、引き出すことは、子どもの内側で時間をかけて育て、しっかりと根を張らせなくてはいけません。育っている間は、できなかったり、時間がかかったりするのは当たり前です。その時に、「遅くて見ていられない」「できないならやってあげる」と代わりにやってしまうと、経験が奪われてしまいます。「まだできないのか」「こうしなさい」と親のペースや考えを押しつけると意欲や感性の発達を妨げてしまいます。

親は、長い目を持って子どもの努力を見守り、危険はないか、そして、次にどんなヒントやきっかけを用意すればいいかを考えることに集中して、手や口を出しすぎないことが大事です。

畑を作る時のように、ヒントやきっかけという種を蒔いて、見守りながら、実るのを待つ。すぐに効果（収穫）を求めようとしない。それが、子どもの力を引き出すための心がけなのです。

私はこれを「種まき思考」と呼んでいます。

種まき思考の中にあるのは、「今」ではなく、実りの時、つまり「将来の我が子」です。種まき思考は「今、よくできていること」ではなく「将来の我が子の自立や幸せ」を目指しているのです。

種まき思考でよい種をまき、「引き出す」の芽を育てていけば、十年、二十年後には、子どもの心の内側に立派な畑ができて、自分で新しい種を落としていくことができます。多少の失敗を経験しても、新しい種で、新しい希望を育てていくことができるのです。

摘み取り思考に偏ると、過保護・過干渉へ

種まき思考の反対は、「摘み取り思考」です。

摘み取り思考は、「今すぐ」の結果を求め、新芽や果実を摘み取っていくように、子どもの経験を奪い取っていきます。親の理想やペースに合わせて行動させようとし、すぐに答えを教え、細かく指示し、口や手を出してしまいます。時には、物を与えて言うことを聞かせ、ご機嫌を取って子どもをコントロールします。

摘み取り思考の中にあるのは、「今の我が子」です。「今の我が子が、親の理想どおりに行動してくれること」を目指してい

ます。摘み取り思考をしている限り、子どもの将来は育ちません。

それでも、時には「摘み取り思考」が必要なときもあります。「教えること」の一部です。危険なことはすぐやめなければいけませんし、ルールやマナーはその場で従わせなければなりません。

ただし、ルールやマナーも、その都度、自発的に守るためには、種まき思考で意欲や感性を育てることが必要です。種まき思考が原則で、摘み取り思考はあくまで「例外的な場面」と心がけます。

種まき・摘み取りの原則・例外が逆転して、摘み取り思考に偏ったのが、非行の原因のナンバーワンと言われる過保護・過干渉です。

過保護というのは、「子どもに不自由な思いをさせてはいけない」「子どもを傷つけてはいけない」「危険なことはさせない」と頑張りすぎてしまうこと。そして、物を過剰に与えたり、自分でできることまで、親がやってあげたりしてしまうこと。

甘やかしであり、手の出し過ぎです。

過干渉というのは、何でも親の価値観とペースどおりになるように、これをしろ、あれはやるな、この言い方をしろ、早くしろ、と、細かいことまで口を出すこと。

押しつけであり、口の出し過ぎです。

幼いうちは、親の枠内に入れておけるので、むしろ楽に感じます。ところが、摘み取り思考で育てられた子どもは、引き出す力のもとである体験が乏しいので、教えられたことしかできず、応用も利きません。いつまでも自立せず、感性が育ちません。幸せの感性も育たないので、失敗や不満で環境が少し悪くなれば、あっという間に心がすさんでしまいます。

過保護・過干渉で最も奪われてしまうのは「失敗の経験」です。

過保護・過干渉に走る親の心のベースは、子どもに失敗させない、というところにあります。そして、「できなさそうならやってあげよう」「間違いはどんどん正してあげよう」と手や口を出していきます。

ところが、「失敗」というのは、あくまで親の価値観の中での「失敗」です。そのほとんどは、子どもからすれば、学びの経験です。「失敗は成功の母」というように、小さな失敗を繰り返し、それを自力で克服してこそ、初めて、自分で試行錯誤する能力や、新しいことに挑戦する意欲、そして、頑張りたいという感性が生まれてくるのです。

「学びの経験」を「失敗」に塗り替えてしまうのは、周りの大人の反応です。

子どもが一生懸命積んでいた積み木が崩れたとき、「今回はかなり高く積めたね。次はもっと工夫できそうだね」と言えば、積み木が崩れたことも貴重な学びの経験になります。逆に、「そんな積み方するからダメなの。こうやって順番に積むって教えたでしょう」と言えば、惨めな失敗の経験になってしまいます。そして、親が自ら「失敗」の色をつけておきながら、「子どもは傷ついている」「分かっていない」と決めつけて、過保護・過干渉に走っていくのです。

親自身がよい物の見かたを心がけ、子どもにも伝えてあげれば、子どもはよい経験ができ、過保護・過干渉に陥ることもないのです。

悲しいことに、過保護・過干渉に陥る保護者のほとんどは、子どもへの愛情を持ち、社会のルールを守って過ごしている親や祖父母です。子どもを愛し、子育てに力を注いだつもりが、結果を焦り、正しいこと、子どものためになることと信じて過保護・過干渉に陥っているのです。そして、子どもの豊かな心の芽を摘み、かえって子どもを不幸にしてしまっているのです。

子育てには愛が必要ですが、愛だけでは足りません。知識も必要です。食事をつくるために基本的な栄養の知識が必要なように、心を育てるときにも、心育ての基本の知識が必要なのです。

その第一歩が、「教えること」と「引き出すこと」、「種まき思考」と「摘み取り思考」を区別することなのです。

過保護・過干渉は2つのジリツを妨げる

過保護と過干渉は、なぜ非行の原因ナンバーワンと言われるのでしょうか。

非行少年の共通点は「幸せそうでないこと」でした。

過保護・過干渉は、幸せに生きる大事な要素、2つのジリツを邪魔してしまうのです。

一つめのジリツは「自立」。自分のことは自分でできるという能力と意欲を持つということです。

もう一つのジリツは「自律」。自分のことは自分でコントロールし、間違いを犯したときには、自分で責任をとれるということです。

「自立」している人は、他人が何かしてくれることを待たずに、自ら率先して行動し、自分の幸せを追求していくことができます。

「自律」が身についている人は、社会と調和し、人の幸せを尊重することを知っています。だからこそ、人と幸せを分かち合えます。また、幸せを感じられない状況に陥っても、他人のせいではなく自分の責任と考え、自分で幸せを取り戻そうとします。

この2つのジリツが身についてこそ、環境に依存しない、主体的な「幸せの感性」…「自ら幸せになる環境を整えよう」「自分で幸せになる意味を選んでいこう」という感性が育まれます。自分のことは自分でするのが原則ですから、人の支えも「ありがたい」と受け取れます。

２つのジリツの根源は、自分のことは自分でできるという「能力」、自分の幸せは自分で追求し、自分で責任を取ろうという「意欲」、そして、人も、自分も幸せでありたいという「感性」です。自立と自律は「引き出すこと」の集まりなのです。身につけるためには、引き出すための「経験」が必要です。

過保護、過干渉は、子どもの自主的な経験の機会を奪ってしまいます。経験が乏しいので、自分でできる能力も、自分でしようとする意欲も育ちません。「自立」ができなくなります。

しかも、親がやってくれたり、親が決めつけたりするので、「自分の行動は親の責任」であって、自分で自分をコントロールしたり、自分の行動に責任をとったりする心の習慣が身につきません。「自律」もできなくなります。

その結果、「誰かがしてくれて当たり前」「悪いことは他人のせい」と、不満ばかりの心ができあがるのです。

過保護・過干渉の対局で、やはり非行の原因となるのは放置・放任です。これは「教えること」も「引き出すこと」もしないということ、心の畑を作ろうとすらせず、荒れ放題にしているということです。過保護・過干渉がダメなら放置する、という両極端ではなく、「教えること」と「引き出すこと」をしっかり区別して、成長に合わせた接し方を選ぶことが大事なのです。

過保護・過干渉の原因は「向き」と「立ち位置」の誤り

愛情のある親が、過保護・過干渉に走ってしまうの原因のほとんどは、いい親になろうとしすぎるあまり、「向き」「立ち位置」とを誤ってしまうことです。

子→ ←親

というように、子どもと「対立の向き」で、子どもの前に立ちはだかってしまっているのです。

対立といっても、親子がいがみ合っているわけではありません。

子どもの幸せを願いつつも、「私とあなたは違う」「あなたより、私の方が正しい」という先入観で、子どもを「監督しよう」「変えよう」としてしまっているのです。

例えば、こういう考えです。

「私は大人として成熟している。あなたは子どもだから未熟」
「私は正しいことをわかっている。あなたはわかっていない」
「私はできる。あなたはできない」
「だから、私が教えてあげる」
「だから、私の言うとおりにするのが一番いい」

「だから、私がやってあげる」

そして、子どもの足りていないところ、自分の価値観と違うところを見つけては、「できない状態で放っておいてはいけない」「間違いは正さなければならない」と焦り、「やってあげるから」「これが正解だから」「あなたのためだから」と、手を出し、口を出してしまうのです。

「向き」を正す第一歩は「謙虚になること」

一歩下がって考えてみましょう。

親といっても、30、40 年生きているだけの、一人の人間です。

子どもよりは経験が多いというだけで、知らない知識もたくさんあります。親が本当にわかっているのは「自分の時代と環境の中で、自分が経験してきたこと」だけなのです。

30 年も経てば、時代は大きく変わります。親が過ごした環境と、これから子どもが生きようとする環境は全然違います。自分の時代、自分の環境、自分の価値観、自分の能力を前提に「正解」と言えたことが、違う時代を生きる子どもにとっても正解とは限りません。

結局、親も、祖父母も、「これからの未知の時代を生きる子どもたちの指導者」としては未熟で、修行中の身なのです。

まずは、勇気をもってそれを自覚します。

「自分も未熟」「自分も修行中」と自覚すると、先ほどの対立の考え方はこのように変わってきます。
「自分は大人だけど、子どもと同様、まだまだ未熟」
「私が正しいと思っていることが、子どもにとってもベストの答えとは限らない。子どもが自分でベストを見つけるかもしれない」
「子どもは何もできないわけではない。自分が待てていないだけかもしれない」
「だから、私も子どもと一緒に学び、一緒に育っていこう」
「だから、自分の意見を押しつけず、子どもの考えも聞いてみよう」
「だから、子ども自身の力でやらせてみよう」

これは、決して卑屈になることでもなければ、子どもをヨイショすることでもありません。
一言で言えば、謙虚になることです。
自分にもできないことがあり、過ちを犯すことがあるという現実を、しっかりと認めることです。勇気ある大人だからこそできることなのです。
謙虚になって、「自分＝正解、子ども＝間違い」という思いこみを取り払うと、肩の荷が下りて、ゆとりをもって子どもの行動を見ることができるようになります。失敗や過ちも「経験」

「学び」「育つ過程」と考えて、穏やかな心で見守っていけるのです。

自然と心が同じ方向を向き、足並みがそろってきます。

例えば公園の散歩を考えてみましょう。

「できる私、できない子ども」と決めつけると、「親として、危ないことをしないか、人に迷惑をかけないか、挨拶はきちんとできるか、友達とうまく遊べるか、監督しなければ！」と、親の枠にはめこむことばかり考えてしまいます。親自身も、「きちんとしつけをしているしっかりした親」というプレッシャーを背負います。

そして、「いつまでも砂場で穴を掘っていないで、山とかを作ったらどう？」「あそこにいる友達と遊びなさい」「挨拶はしたか？」などと過保護・過干渉が始まってしまい、子どもは不自由で不満、親は「子どものために言っているのに」と不満です。親子共々、狭い殻に閉じこめられて、成長できません。

少し謙虚になって、「私も子どもと一緒に学ぼう」と思えば、「この子と一緒に、最高に楽しい散歩をしよう！子どもが何を見つけるか楽しみだ」と、ゆとりをもって子どもを見ていられます。挨拶や友達との関係で、うまくいかないところがあるとしても、「成長途中だから。次は頑張ろう」と割り切れます（もちろん、最低限のルールやマナーは「教えること」として即座に対処します）。そして、子どもの発見を楽しい気持ちで受け入れて、「こんな遊び方があるのか」「こうやってみたら、もっと楽しいかもしれない」と、親子共々、どんどん伸びていけるのです。

子どもも意志と力を持つ人間

親は、謙虚になって、自分は未熟と認めます。

とすると、大人も子どもも未熟同士。

未熟な大人が一人前なら未熟な子どもも一人前です。

子どもも、一人前の人間として尊重されていいのです。

「子どもと大人が一緒？」と違和感を感じるかもしれません。

むしろ、記憶力も、柔軟性も、吸収力も、子どもの方が優れています。子どもの方が、引き出せるものをたくさん持っているのです。

大人が子どもよりも優れているのは、体の大きさと、経験です。大人が子どもよりいろいろなことができるのは、経験によって、生活に必要な知識やコツをたくさん身につけており、自分自身の力の引き出し方や、引き出すべき場面をわかっているからです。そして、体が大きい分、体の力があるからなのです。その経験と体力を使って、大人は社会に貢献し、多くの責任を引き受けられるのです。

子どもには、一人の人間としての意志があります。それが不合理だったり、単純だったりするのは、経験がなく、先のことを予測する能力が引き出されていないからです。子どもは、本当は、その柔らかい体と脳の中に、引き出されるのを待つ能力や感性をたくさん秘めているのです。

それが引き出されるのか、かき消されるのかは、周りの大人、特に親の立ち位置次第です。子ども自身の中に、一人の人間としての意志と力があるということ、大人は、共に学びながら、それを引き出す役を担うということを、認めるか、認めないか次第なのです。

親は、子どもと同じ向きに立ち、子どもを「一人の人間」として尊重します。その上で、「私は数十年分経験が多いから、絶対にいけないことや、もっと便利になる方法は知っている。そうやって、必要なことや有益なことはしっかりと伝えていこう」と、「教えること」を選んでいくのです。

「教えること」というのは、経験を伝えることでもあります。

そして、子どもの力を最大限に引き出すために、大人が子どもに伝えるべき一番の経験というのは、「失敗しても大丈夫」ということです。

「親の私も、たくさん失敗して、たくさん痛い思いをして、たくさん人に迷惑をかけてきた。でも無事に生きている。だから大丈夫。細かい失敗なんて、気にしない。いい経験と思えばいい。失敗しても、あきらめないで少しずつでも頑張り続けていれば、人生には何も影響しない。もちろん私はあなたを見捨てない」ということを、魂を込めて教えていくのです。そうすることで、子どもは、安心し、さらには親の愛を感じ、新しいことにチャレンジできるのです。

子どもが転んで泣き出したとします。抱いてあげないと心が傷つくと勘違いして、抱き起こすのは過保護です。転ぶことも、転んだ後に起きることも、大事な学びの経験です。

子どもは一人前です。大ケガさえしていなければ、子どもは転んでも一人で立ち上がります。親は立ち上がれると信じて待つ。そうすることで、立ち上がろうという意欲と力を引き出します。立ち上がれたら、その意欲と力を「よくやった！」と認めるのです。

信じても、待っても、どうしても立ち上がれないのならば、「あなたには、本当は自分で立ち上がる力がある。次に転んだときは、自分でその力を出してみよう。私は次も同じように信じて待ってみようと思う」と、穏やかに伝えればいいのです。

子どもが遠回りなこと、間違えたやり方をしようとしていたとします。親の頭に正解があるからといって、すぐに口を出して、親のやり方でやらせようとしてしまうのは過干渉です。

子どもは一人前です。よほどの大間違いでなければ、子どもは間違えても自分で直していくことができます。何回も遠回りを経験し、やがて近道を学ぶのです。逆に、違うやり方をする中で親の知らない発見をするかもしれません。

子ども自身に、やり遂げる力があると、信じて待つ。そうすることで、やろうという意欲と、やってみたいという感性を引き出します。できたならば、無駄な作業が多かったとしても、時間がかかったとしても、やり遂げようとした意欲とやり遂げたという能力を認めるのです。

時には、子どもは「親に聞く」という方法をとるかもしれません。これも一つのやり方です。「自ら助けを求めてくること」が大事なのです。その時は、子ども自身の役割を奪わずに、答えを引き出すヒントを出して、力を引き出す手伝いをします。答えを教えることになっても、「よくここまで考えた。次は、今日よりもう少しだけ、たくさん考えてみよう」と穏やかに伝えればいいのです。

一人前扱い＝子どものいいなりではない

「親も未熟と認める、子どもを一人前扱いする」というと、
「気分だけ一人前で、わがままな子が育つのではないか？」
「トモダチ親子になって、親の権威がなくなるのではないか？」

と心配する方がいます。正しく一人前扱いをすれば、その心配は無用です。「一人前扱い＝子どものいいなり」ではないのです。

まず、子どもを一人前と認めたとしても、子育てには「教え

ること」というカテゴリーがあります。ルールやマナーなど、教えることはビシッと教えていいのです。教えるべき場面で、同じ注意を繰り返すことは、引き出す作業と矛盾しません。何度も直して頑張ってきたという経験です。むしろ、親の方が、「分かる」と「できる」の区別を忘れて、「何度言わせるんだ」と怒りだしてしまわないことが大事です。「自分で考えてできる力を引き出している途中」と納得しつつ、練習させているつもりで教えていけば、教える＋引き出す、でうまく作用していきます。

「親に対する言葉遣い」「門限」「お金の使い方」などの家庭としての枠組みも、家庭内でのルールやマナーですから「教えること」です。子どもが納得しないこともありますが、「世の中には自分が納得できないこともある」「責任を取れる範囲で自由がある」というのも生きるための大事な知識です。「うちはそういう方針だ」とはっきり伝え、その上で、「違うようにしたいのだな」という子どもの気持ちも、意欲や感情をつぶさないように、一人の人間の気持ちとして、しっかり認めてあげます。

成長するにしたがって、家庭内でのルール作りを一緒にやってみてもいいでしょう。「教える」にも偏らず、だからといって「教えない」にも偏らない、というバランスが大事なのです。

＜第四編　その１で伝えたかったこと＞

★　子育てには「教えること」と「引き出すこと」があります。この二つの使い方や、効果の違いを正しく知るのが大事です。

★「危険」「ルール」「マナー」などは「教えること」です。「教えること」の効果は、「分かる」に過ぎず、引き出す作業で「できる」に高めることで、自発的な行動につながります。

★能力・意欲・感性は「引き出すこと」です。経験を重ねると、子どもの内側で育った力が引き出され、「できる」という状態が生まれます。

★豊富な経験をさせ、能力を十分に引き出すには、「きっかけ・見守る・待つ」の種まき思考が必要です。すぐに効果を求める「摘み取り思考」に偏ると、過保護・過干渉に陥ってしまいます。

★親は「できる自分、できない子ども」と対立の位置をやめ、謙虚になります。「自分も未熟。子どもと一緒に学ぼう」「子どもの力を信じよう」と肩の力を抜きます。すると、心にもゆとりが生まれ、共に伸びていくことができます。

★子どもには、一人の人間としての意志と力があります。親は「失敗しても大丈夫」という貴重な経験を伝え、子どものチャレンジする力を引き出してあげましょう。

★　一人前扱い＝子どものいいなりではありません。子どもが納得しなくても教えることはしっかり教え、「教えること」と「引き出すこと」のバランスをとっていきましょう。

【その２】

心を育てる鉄則＝体験化

「体験化」で感性を育む

そろそろ、テーマである「幸せの感性」にスポットを当ててみましょう。幸せの感性も、感性ですから「引き出すこと」です。「幸せと思いなさい」と教えても、そうは感じられないように、育てるには、「経験」が必要です。

能力を育てる経験は、計算なら計算の練習、ピアノならピアノのお稽古と、わりとはっきりしています。

ところが、感性は、何をどうすれば経験になるのか、形がはっきりしていません。少しだけ工夫が必要です。それが、「体験化」です。日々の生活のいろいろな場面を、親の働きかけで、幸せの感性を育てる体験に変えていくのです。

感性の「体験化」には３つのキーワードがあります。
「手本」「共感」「浸透」です。

感性はストレートには教えられませんが、親が「手本」を見せ、子どもと「共感」し、子どもの心に「浸透」させることによって、着実に育んでいくことができます。

「嬉しいと思いなさい」「悲しいと思いなさい」と言われても、

そう感じることはできませんが、他人の言葉や態度をきっかけに感性が動くことがあります。誰かが本当に嬉しそうにしている姿や、本当に悲しそうにしている姿を見たときです。そうすると、心が動き、「そんなに嬉しそうにされると、私まで嬉しくなる」「私まで悲しくなる」という状態になります。

これが、感性の「体験」です。

「この場面で、こういう感情を表している人を見た」「自分もなんとなくそういう気分になった気がした」という経験をたくさんつめば、自然とその感性が育っていきます。そして、親自身が、「手本」と「共感」を意識してそのような経験の場面を作り、子どもの心に浸透させていくのが「体験化」です。だからこそ、言葉だけではない、「まるごと一つの親」が大事になってくるのです。

まずは、心の向きを揃えることから

「手本」を示すには、子どもにしてほしい行動を、親が率先してやる必要があります。そして、「共感」というのは、親子の心の向きがそろうことです。

先ほどの「向き」や「立ち位置」が大事になってきます。

過保護・過干渉の原因の一つは親と子が反対向き（→←）になる「対立の向き」に立ってしまうことでした。対立の向きは、「教える」ための向きです。対立の向きに立っていると、「教える」

に偏ってしまい、子どもの内なるものの力を引き出すことができません。

　感性を引き出すのは、「対立の向き」の逆、「同じ向き」です。

　同じ向きで、隣りあっている時を思い浮かべてください。寄り添って寝転んでいるときや、隣に並んで歩いているときのように……。

　お互いの顔や体は、半分くらいしか見えません。相手のしていることも、細かいところまではわかりません。

　その代わり、隣り合う相手の雰囲気、その心を、何となく、ぼんやりと感じることができます。

　五感で言えば、嗅覚や触覚。あるいは純粋な「感覚」。

　同じ向きというのは、相手の全体を感じようとする、感性を分かち合う向きなのです。

　同じ向きに立つことで、子どもの感性が育まれ、引き出されていくのです。

　そうやって向きをそろえた上で、親は、子どもの成長に従って、立ち位置を変えていきます。

「寄り添う」、「隣を歩く」、「後ろに立って見守る」です。

2歳ころまでの立ち位置＝寄り添う

赤ちゃんにも心はあります。心育ては、生まれたときに始まっています。

まずは、「寄り添う」からスタートです。

「寄り添う」とは、互いの体に触れあいながら、そのぬくもりや息づかいを共有し合っていること。母親が、子どもの背中を優しく撫でながら添い寝しているような時です。

お互いに、温かさと、安心感に包まれます。

矢印で見ると、

親子→

という形です。親も子も、二人で一つの矢印です。

赤ちゃんや幼児は、自分一人では生きていくことができません。誰かが側に寄り添って、守りつつ、導いていくことが必要です。

赤ちゃんたちは、「寄り添われる」ことで安心し、心を開きます。安心させてくれる人の心に同調して、その人のまねをしようとします。

お乳をほしがって泣けば、「お腹がすいたね」。

擦り傷を作ったら「痛かったね」。

手をつなぎ、一緒に空を見上げて「広いね、きれいだね」。

大きな音に驚けば「怖いんだね。お母さんがいるから安心だよ」……

子どもの心があるところまで、しっかりと歩み寄っていく。

その心に触れて、時には抱いて支えて、一緒に感じていく。

まだ上手に自分を表現できない子どもの心を読み取って、「こう感じているんだね」と代わりに言葉に出してみる。

感性のアンテナが立っていないところを、すっとリードして、「ほら、見てごらん。とてもすてきな物があるよ」「雨の音が聞こえるね。面白いね」と、親自身の言葉で伝えて、子どもの「気づき」を促してみる。「手本」と「共感」で、心に言葉を届けていきます。仕草や表情も大事です。そうやって、少しずつアプローチして、親の心を子どもの心に少しずつ「浸透」させていきます。

これが、感性の立ち位置の一つめ、「寄り添う」です。

幼児期から成長期までの立ち位置＝隣を歩く

親が寄り添うのは、子どもが非力な幼児の時期までです。

いつまでも親がベタベタと寄り添っていては、子どもも窮屈で、いつまでも自立できなくなってしまいます（過保護です）。

３歳くらいになれば、子ども自身の意志や感性がはっきりしてきます。親は、少しだけ心に距離を取ります。そして、隣を歩きます。

矢印で見ると

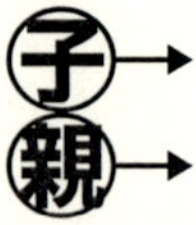

という形です。子どもは基本的に自分で歩き、親は、その隣で、同じ向きに立ち、子どもと同じ歩調で一緒に進んでいきます。

親は、引き続き、「天気が良くて嬉しいね」「クリスマスが楽しみだね」と、よい「気づき」を表現し、感性の手本を示します。

子どもは子どもで、この時期になると、自分自身の気持ちを表現してきます。親の思いと違っても、「その考えはおかしい」と頭ごなしに否定せず、それを認めて、共感することが大事になってきます。楽しいことを話してきたら、「でも、こっちの点はダメじゃない？」「それより宿題やった？」などと水を差さずに、一緒に楽しみを分かちあいます。つらいことや悲しいことも「そんな程度で」と大人目線を押しつけず、「悲しかったのか」と認めます。

親の共感を通じて、子どもは「そうだ、自分は嬉しいんだ」「悲しいんだ」と自分の感情を追体験し、感性を育んでいきます。同時に「共感すること」そのものの良さを感じます。

親子の間に共感できる関係があれば、親が自分の感性を表したとき…「手本」を示されたときに、子どももそれに共感したいと思い、親の感性を体験させることもできます。

お互いに認め合い、共に感性を高めていくのです。

「天気がよくて嬉しいね」という親の言葉に「嬉しくない」と返答されて、共感がうまくいかない場合もあります。それでも、「ひねくれている」と決めつけず、そう言いたい気持ちなのだな、と事実をそのまま認めます。認めた上で、「嬉しくない」という言葉の奥にある子どもの本当の気持ちを考えてみます。子どもを一人前として扱い、子どもにも意志があることを認めるのです。問い詰めない限度で尋ねてみてもいいでしょう。

子どもと違う考えを伝えたいときには、子どもの心を認めた上で、「お母さんはそれについてはこう思う」と、手短に、子どもの心に働きかけます。やがては共感できるための準備をするのです。無理にその場で説得したり、納得させようとすると「対立の向き」になってしまい、感性は閉ざされてしまいますから、あくまで伝えて、子どもに気づかせるところでとどめます。

もちろん、必要なルールやマナーは教えて守らせます。

思春期からの立ち位置＝後ろに立って見守る

思春期になって、子どもが自立を望みだしたら、親はさらに一歩引いて、子どもの後ろに立って見守るようにします。矢印でみると、

親→子→

という形です。

子ども自身の心を尊重し、子どもに一人で道を歩かせつつ、陰ながらセーフティーネットを張っておくのです。

子どもの心や人間関係もどんどん複雑になる一方、子どもとの会話の機会は減ってきますから、心配や気がかりも増えてきます。

その時に、「親の心配を分かってほしい」と、自分の気持ちを押しつけようとすると、「そんなの知らない」と対立の向きになってしまいます。「親の気持ちを分かってほしい」ではなく、「子どもの気持ちを分かろう」という思いで接していくことで、同じ向きを向くことができます。

「分かる」の対象も、子どもの抱える問題の理由や解決策を分かろうとすると、「話してくれないから分からない」「分かろうとしてあげているのに」となってしまいます。子どもと理屈で話せるようになったからといって、子どもの心の原因や背景を親自身が納得するまで問い詰めようとするのは、過干渉であり、子どもの前に立ちはだかるということです。

「分かる」はあくまで「気持ち」を対象にしていきます。「どういう理由かは分からないけど、その雰囲気を見れば、気持ちだけは分かる」というように、気持ちそのものを理解することを心がけるのです。そうやって、気持ちに共感されることで、子どもの感性の緊張がほぐれ、素直に表現していけるようになります。

もちろん、親は親で、引き続き、「手本」として親のよい「気づき」を表現していきます。ただ、親の立ち位置は子どもの後ろです。背中でそれを感じてもらうつもりで、子どもを無理矢理振り向かせようとはしません。そうやって、子どもが安心して、一人で歩いていけるようにサポートしていくのです。

体験を作る「私メッセージ」

自分の考えや要求を伝える言い方には、「私」を主語にする「私メッセージ」と、「あなた」を主語にする「あなたメッセージ」があります。

日本語では主語の省略が多いので、なかなか意識されることはありませんが、ニュアンスは全然違います。

例えば、子どもに手伝いをしてほしいときに、「(あなたは)手伝ってちょうだい」というのは「あなたメッセージ」、「(私は)手伝ってくれると助かる」というのは「私メッセージ」です。

「私メッセージ」と「あなたメッセージ」を使い分けることは、人間関係や子育てを円滑に進める有効な手段です。

例えば、相手の考えをおかしいと思ったときに、「あなたは間違っている」と言えば相手は反発したくなりますが、「私はこう考えている」と言えば、相手は自分が否定されたわけではないので、考え方の違いとして、冷静に受け取ることができます。

早く行動してほしいときも「(あなたは) 早くしなさい」と言うと、相手は押しつけられた気持ちになりますが、「(私は) 急いでもらえると嬉しい」と言うと、自発的な行動につながります。

「あなたメッセージ」というのは、知識を伝えるメッセージです。「こういう場面ではこのように振る舞うべきである」という、マニュアル的な知識を「教える」役割を担います。

「プレゼントを頂いたのだから、(あなたは) 嬉しいと思いなさい」と言われれば、子どもは「嬉しいと思わなければならないらしい」という知識を得ます。親の顔色を見て、嬉しそうに振る舞うことは覚えても、体験ではないので、感性は育っていきません。

「私メッセージ」は、体験を作るメッセージです。親が主体になることで、「親は、こういうふうに感じたようだ」という体験になり、感性を「引き出す」役割を担います。

「あなたがプレゼントをもらえるなんて (私は) 嬉しい」といって親が喜ぶと、子どもは「嬉しがっている親を見た」という体験をします。一歩進んで、「(私たちは) 嬉しいね!」と共感も一緒に伝えれば、「私と一緒に喜ぼうとしている」という体験をします。

「私メッセージ」は、直接子どもの行動に働きかけるのではなく、心に働きかけるメッセージです。すぐに子どもの行動を変える効果は、「あなたメッセージ」に比べて劣ります。それでも、「私メッセージ」による体験が積み重なっていくうちに、心に浸透して、感性が育まれ、やがては自然に感情が湧いてくるようになるのです。

砂に水をしみこませるように

感性を育てるときには、あくまで「引き出すこと」は、育てるための時間がかかるということを肝に銘じることが大事です。教えようと頑張らないこと、結果を焦らないことです。

砂に水をしみこませるように、少しずつ「浸透」させることで、深く、確かな感性ができあがるのです。

砂場の砂に水をしみこませるとします。

バケツで一気に水をかけると、砂は飛び散り、表面が少し濡れるだけで、奥の方には全く水は行き渡りません。

弱い雨が、ゆっくりと降り注いだときはどうでしょうか。

時間はかかります。それでも、水は砂場の底までしっかりとしみこんで行きます。表面が乾いてしまっても、少し掘れば、しめった砂が出てきます。

これが、体験化の３つめのポイントの「浸透」です。

「あなたメッセージ」を使い、「こうすればいい」「教えてあげる」と近道してしまいたいところをグッと我慢して、「手本」「共感」という遠回りを繰り返しながら、ゆっくりと子どもの心にしみこませていくのです。

しみこんだ水は、すぐには表面には出てきません。時には「きちんとそだっているだろうか」と不安に感じることもあるかもしれません。それでも、親がよい言葉を使い、よい感性の手本を見せ続けていれば、よい感性の水は、心という砂場に確実にしみこんでいきます。何かのきっかけで出口を見つけると、あふれるように出てくるのです。

親は、「まるごと一つの自分」を磨きながら、子どもの前で手本を見せ続けながら、信じて、待つのです。そのうちに、「いつの間に、こんなに成長したのだろう」と驚くことになります。

＜第四編　その2で伝えたかったこと＞

★　幸せの感性を育むには、「手本」「共感」「浸透」による体験化が大事です。

★　感性を育むためには、親は子どもと同じ向きで立ち、子どもに身につけてほしい感性を自ら表現していく必要があります。

親は、子どもの成長に従って、寄り添う→隣を歩く→後ろに立って見守る、と立ち位置を変えながら、関わり方を工夫します。

★　感性を育んでいくためには、子どもの気持ちもそのまま認めていきます。そして、親の気持ちを分かってもらおうとしたり、子どもがその気持ちになる理由や背景にこだわらず、子どもの気持ちそのものを分かろうという姿勢を持ちます。

★　「あなたメッセージ」は直接行動に働きかけることができますが、子どもの心に残るのはマニュアルとしての知識です。「私は」「私たちは」という「私メッセージ」は体験を作り、感性を育みます。

★　感性に浸透するというのは、砂に水をしみこませるようなものです。成果を焦って近道をしようとせず、弱い雨が降り注ぐように、「手本」と「共感」を繰り返しつつ、子どもの心に浸透させていってあげましょう。

【その3】

蒔くべき種を選ぶ
「幸せ」へのフォーカス

子育てに目的を持つ

感性の「体験化」には、気をつけるべき点があります。

目覚めている限り、感性はいつでも働いていますから、思いがけずに、好ましくない感性の体験をさせてしまうことがあるのです。

例えば、お父さんが出勤の前に「疲れるなあ、仕事はイヤだなあ」と独り言を言ったとします。子どもに向かって言った言葉ではありませんが、子どもの耳に入れば、それは子どもの体験になります。

「仕事は疲れるし、イヤなものらしい」という種を心の中に落としてしまうのです。

子どもの将来のためには、無計画に種を蒔いていくのではなく、幸せの感性を育てる種を多く蒔いてあげたいものです。

無計画な種まきにならないために、一番大事なことは、「子育てに目的を持つ」ということです。子育てを頑張りたいという親は多くいますが、「子育ての目的は定まっていますか？」

と聞くと、首をかしげてしまう方がたくさんいます。

生まれたばかりの子どもの心は、真っ白なキャンバスのようなものです。親は子育てという作業を通じて、そこに絵を描いていきます。

どんな絵を描こうかを考えずに、思いつきで色を塗っていけば、できあがる絵はめちゃくちゃです。それを「個性だから」と片付けてしまうのは、あまりにも無責任です。子育てに目的を持ち、「こんな絵を描こう」と思うことで、先のことを考えながらデッサンしたり、色を選んだり、時には修正したりできるようになります。

子育ての「目的」があってこそ、それに合うような「手段」を選んでいくことができますし、一つの手段がダメになっても、前向きに、次の手段を探していくことができるのです。

子育ての目的は、広く、遠く定めることも必要です。

例えば「東大に入ること」という目的を定めてしまうと、子どもの本当の能力や意欲を抑圧しかねませんし、その後の長い人生はどうでもよい、ということになってしまいます。

「自立すること」「社会に貢献できる人になること」など、いろいろな方法で実現でき、いろいろな道筋につながっていく目的を定めていくのがいいでしょう。

私は、子育ての最大の目的は「幸せ」だと思っています。

ですから、「目的と言われても……」という方には、「とりあえず、20 年後の幸せを目的にしてみましょう」とお勧めしています。幸せは、誰でも、どんな変化に揉まれながらでも実現できるからです。

多くの方が目的にする「高い能力」「優しい心」「人とのよい関係」「自立」なども、豊かな人生を作る大事な要素です。ですから、これらを子育ての目的にするのも、よい選択肢だと思います。

ただ、私がそれらではなくて、「幸せ」をお勧めするのは、「幸せ」は、能力や自立などと違い、誰でも実現できるからです。

私の息子には障害があり、一生支援が必要と言われています。大人にとって当たり前の条件である「自立」すら、できるとは限らないのです。息子がいることで、障害についてもいろいろと学ぶ機会をいただきましたが、四六時中、誰かの介護を必要としていても、普通のコミュニケーションができなくても、幸せに向かって生きている方は、本当に生き生きとしています。「幸せ」という目的は、誰でも実現可能なのです。貧しくても、体が不自由でも、あきらめる必要がありません。どんな環境のもとでも、どんな変化が訪れても、一生追い求め、感じ続けて行けるのです。

子育ての目的を定めれば、その後は、「目的に向かって、どんなことをしていけばいいか」「どんな種を蒔いていけばいいか」「どんな言葉を『体験』として聞かせればいいか」を、しっかりと考えていくことができます。夫婦で意見が分かれたときや、一つのことがうまくいかなかったときも、「今」「この手段」という狭い視野にとどまらず、「目的のために何が必要か？」という広い視点から子どもの人生を見て、手段を選んでいくことができます。自ずと、豊かな物の見かたができるようになるのです。

「自分が何を言うか」でなく「子どもが何を学ぶか」

子育ての目的が見えてきたら、それに向かっての種まきが始まります。ここで、とても大事なポイントがあります。

発信する親の目ではなく、受信する子どもの目になって種を蒔くということです。

子育ては、大人が満足するためではなく、子どもの将来のためにするものです。大人が言いたいことを言っても、子どもにいい影響がなければ意味がありません。子どもがより吸収しやすく、よりよいものを得られるようにアプローチしていく必要があります。

そのためには、２つの大事な心構えがあります。

一つめは、「自分がどれだけ正しいことを言うかではなく、自分の言葉や行動から、子どもが何を学ぶかに目を向ける」ということです。子どもは親の言葉の字面どおりには学びません。「まるごと一つ」の親の姿から体験したとおりに学びます。体験するのは子どもですから、自分の言葉や行動が子どもの目にどう映るかを意識する必要があります。

もう一つは、「子どもが受け取りやすいアプローチの方法を選ぶこと」です。どれだけ頑張ってアプローチしても、子どもがそれを受け取ろうとしなければ、子育てにはなりません。

親の行動は、「子育ての目的」を果たすための手段に過ぎないのです。同じことを伝えるなら、自分の決めた手段にこだわらず、目的達成のためのよりよい手段を選んでいくことが必要です。

「正しいかどうか」から「何を学ぶか」に目線を移す

私たちは普段、「自分の言葉や行動は正しいか」には自然と気を使っています。嘘をついたり、悪いと思うことをするときには、誰でも抵抗を感じます。

ところが、「自分の言葉や行動で、相手がどういう影響を受けるか」については、なかなか意識しません。

子どもの目になって、親自身の行動を見てみると、自分の意図と全く違う感性を育ててしまっていることがあります。

例えば、こんなケースです。

特に親しくもない方から物をいただいたとします。親は「すみませ〜ん」と眉間にしわを寄せて申し訳なさそうな顔をします。子どもが黙っていると、親は怖い顔して「いただいたら、ありがとうでしょ！」と教えます。そして、家に帰ったとたん、「使わない物を頂いても、邪魔になるだけなのに」「こんなふうに頂くと、お返しとかめんどくさいのよね～」とぼやきます。

親が言っていることは、どれも間違いではありません。物を頂いたときに「ありがとう」を言うのは大事なマナーです。そして、親は本当に「頂いて申し訳ない」「使わない物だから邪魔」「お返しは面倒くさい」と思っています。

正しいことを言っている親には、何の心理的抵抗もありません。ただ、この親の言動から、子どもは何を学ぶでしょうか。親が望む感性の種は、子どもの心には落ちていないはずです。

こんなケースもあります。

休日に、父親がごろ寝をしながら「あー、もう疲れた。宝くじをあてて仕事なんかやめたいなあ」とぼやいているとします。そして、遊んでいる子どもに「勉強しろ」「お父さんも子どもの時は勉強してたんだ」「勉強しないといい仕事に就けないぞ」と言います。父親の言うことは、全部正しいことです。それでも、子どもは「勉強したい」と思うでしょうか。子どもの心には、親の願いとは全く違う感性の種が蒔かれているはずです。

「言っていることが正しいか否か」は、親の自己満足に過ぎません。子どもの心を育てるからには、子育ての目的をもう一度頭に入れて、目的に向けられた体験になるように、親自身が自分の行動をもう一度見直していく必要があるのです。

直球よりも山なりボールを

感性を育てるコツに、「直球よりも山なりボール」というのがあります。直球は、投げる方は心地いいものの、受け取る方は受け取りにくく、あまり投げてほしくないものです。

受け取りやすいのは、ゆっくり山を描いてくるボールです。「あなたが大事」「あなたを愛してる」「あなたこそ私のオンリーワン」というストレートな言葉でも、伝わらないわけではありません。ただ、ストレートな言葉は、逆に「教わった」という印象が強く、「知識」にとどまってしまいがちです。大事な感性ほど、ストレートに言葉を伝えること以上に、回り道をいくつも作って、その心につながるルートをたくさん作ることが大事です。

ある少年審判の際に、「オンリーワン」を伝えるということについて、強く感じたことがあります。母親から愛され「あなたが大事」と言われ続けて育ったはずの少年が、「高校生なんて自分以外にもいっぱいいる。自分一人がどう生きても、世の中全体には影響しない」と言ったのです。

私はハッとしました。

その言葉や言い方が、「自分が多少電気を無駄にしようが、水を無駄にしようが、食べ物を無駄にしようが、世の中全体は変わらない」という大人に似ている、と思ったのです。

お母さんにそれとなく聞いてみたところ、「物やエネルギーを大事にする」ということには全く無頓着だったようでした。
　少年は、親の直球の愛情表現は受け取らず、「自分が何をしても世の中に影響しない」という態度を学んでしまっていたのです。

「今、急いで水を止めることは、地球上の水の量からしたらたいしたことはないかもしれない。でも、今流れていく『この水』にとっては全然違う。」
「このおかずをゴミ箱に捨てても、地球全体の食料に影響はない。でも、『このおかず』にとっては全然違う」
　全体からしたら、小さな物でも、「この物」を大事にしよう。「この時間」を大事にしよう。「この一言」を大事にしよう。
　そうやって、山なりボールで育てた感性こそ、
「日本人全体からしたら、たいした存在じゃない。でもこの私を大事にしよう」
　という「オンリーワン」の心を作り上げていきます。
　そして、そのような道筋が多くできていけば、より多くの幸せの素に気づき、スムーズに心をつないでいけるようになるのです。

「気づく」対象を決めるのはイメージ

「惚れてしまえばあばたもえくぼ」というように、私たちは、まず、イメージという先入観を持って、人や物を見ています。「いい物だ」「いい人だ」「好きだ」といいイメージがあれば、多少難点があってもいい感情を持てますし、「イヤだ」「嫌いだ」と思えば、悪いところばかりが目について、いいところが覆い隠されてしまいます。イメージは、「偏見」と言い換えることもできます。

このイメージが、「何に気づくか」ということ、そしてどういう物の見かたをするかということを大きく左右しています。

そして、そのイメージを作っているのは、幼少期からの親の言葉や態度です。子どもが多くの幸せの素に気づき、幸せの感性を育んでいくためには、意識して子ども心に幸せなイメージを作り、「幸せ」に向いた「偏見」を作っていくことが必要です。

イメージ、つまり「偏見」の対象は、「自分」「親」「友達」「学校」「勉強」「社会」など、いろいろあります。どれも良くしていきたいですが、最も大事なのは、自分に対する「自己イメージ」と、自分が生きていく未来の世界に対する「未来イメージ」です。

自己イメージを作るということ

人間は誰でも、自分とは一生のお付き合いです。何よりも、「私が好きだ」「私は幸せになる」という自己イメージを持つことが、幸せの感性を育てる第一条件になります。
「あなたが好き」「あなたは幸せな子」などの直球も有益ですが、遠回りのアプローチでたくさんの道筋を作っていくと、より心の奥までしみこんで、確かな自己イメージを作ることができます。
「嬉しいね」「幸せだね」「ありがたいね」という良い言葉をたくさん聞かせ、よいイメージをたくさん描かせてあげましょう。恩着せがましくならないように気をつけつつ、「自分は幸せ」「恵まれている」というイメージをどんどん脳に描かせていくのです。

よい自己イメージを作るとしても、社会の中で生きていく限り、「教えること」があります。そのためには、叱ることも必要です。ただ、「ダメな子」「うちの子じゃない」などの、人格を丸ごと否定する言葉を避け、行為を叱るようにします。欠点ばかりを指摘せず、「ここまではできたね」「頑張ってくれて嬉しい」などと、努力を認める言葉をいい、「ありがとう」「あなたのおかげ」と、惜しみなく感謝を伝えましょう。その一つ一つが子どもの心に「浸透」し、子どもに、どんなときも自分を見捨てず、「自分は幸せになれる」と考える習慣をつけていくのです。

未来イメージを作るということ

未来イメージというのは、これからの時代へのイメージです。子どもに明るい未来イメージを植え付け、「この世は幸せにあふれている」「未来には希望がある」という「よい偏見」を作るのです。

非行や挫折、あるいは引きこもりなどの一因には、「未来に希望が持てない」ということがあります。よい未来イメージを持ち、未来の良いところばかりが目に付くようになれば、幸せの感性もどんどん磨かれていきます。

少年審判を担当しながら、未来イメージについて痛感し続けたことがあります。

悲しいことに、ほとんどの親は、「普通の育児」をしていく中で、知らず知らずのうちに、子どもにつらく悲しい未来イメージを植え付けてしまっているのです。

たとえば、親は、勉強嫌いな子どもに「今は簡単だけど、この後どんどん難しくなる」「今やっておかないと、必ずついて行けなくなる」と言って、勉強するよう促します。

子どもの心は明るくなるでしょうか？ただでさえ勉強を楽しめてないのに、今後、さらに難しくなるらしい、やりたくない、と思い、暗い未来イメージを描いてしまうはずです。

子どもに対しては、「あなたが世界一大事」「どんなときでも守る」って言っているとします。ところが、年金問題のニュースが流れると、「あと30年もしたら、年金ももらえなくなるし、最悪な時代が来るんだろう。政治家は何もしてくれないし、私ら庶民には何もできないし」と愚痴をこぼします。

子どもは暗く悲しい未来イメージを描くはずです。しかも「あなたが大事」という親は嘘つきで、守ってくれず、自分たちにはどうしようもないという被害者意識までついてきます。幸せの種を蒔くどころか、不幸せの種を蒔いてしまっているのです。

親は、「本当のこと」と思って言っています。むしろ、厳しい時代だから子どもに覚悟を持たせようと、あえて言う親もいます。大事なのは正しいことを言うことではありません。そこから、子どもが何を学ぶかを考えることです。親にとっての「正しい」ではなく、子どもの心のイメージに配慮するべきなのです。勉強を頑張らせたいと思うなら、「今、ちょっとだけ頑張ったら、すごく楽しくなるし、楽になるよ」と言って励ますこともできます。子どもが描く未来イメージは全く違うものになるはずです。

楽観的な未来イメージを語ることは、厳しいことを言われて頑張ってきた大人世代には違和感を感じるかもしれません。

「普通の育児」の中で、私たちが、つい不幸な未来イメージを口にしてしまうのは、自分たちもそうやって育ってきたからです。

ところが、私たちが生きてきた時代と、子どもたちが生きている時代は全く違います。もう一度、「子どもたちが生きる20年後はどういう時代か」を考えてみてほしいのです。

私たちの幼少期は、まだ経済が上向いており、沸いていくお湯のような時代でした。親が冷やしても良かったのです。

今は違います。経済は停滞し、国が抱える多額の借金や、失業、自殺、学力低下の問題など、時代は氷水のように冷たくなっています。親が希望を語り、よい未来イメージを作らなければ、誰も希望の種を蒔いてはくれないのです。親は、「時代が違う」と謙虚に認め、率先して、子どもの心によい未来イメージを植え付け、良いことに気づく心の目を育てていかなくてはならないのです。

「プラスワン」で両立を

親も人間ですから、「もうダメだ」「こんな世の中だから…」などと、悪いイメージを描く言葉を口にしてしまうこともあります。

また、社会のことを教えるためには、「世の中には食べられない人もいる。日本だって、やがてはそうなるかもしれない」「交通事故に遭うと大けがをして、死んでしまうこともある」など、悲しいイメージを描く情報も、全く入れないわけにはいきません。放っておけば、それは、間違いなく子どもの脳に悪い自己イメージ、未来イメージとして刻み込まれてしまいます。適切なフォローが必要です。

その時のよい方法が「プラスワン」です。文字どおり、よいイメージを一つ、付け加えるのです。

脳は、近接した時間に２つの情報を入れられると、後の方の情報を強く残すのだそうです。ですから、一度暗いイメージを描かせてしまったとしても、すぐに明るいイメージを描かせれば、明るいイメージを心に残すことができます。それでも、「食べられない人がいる」「交通事故に遭うと大変なことになる」という知識までが消えるわけではありませんから、大事なしつけとも両立させることができます。

例えば、「食べられない人もいる」と教えて悲しいイメージを描かせた後には、「だから、今は食べ物を大事にして、元気な体を作っていこう。そしたら、大人になったとき、食べられない人をたくさん助けてあげられるようになるかもしれないよ」と付け加えてみます。先ほどの「年金はもらえなくなる」という話をしたなら、ハッタリでも、「でもね、お母さんには清き１票がある！お母さんはあきらめてないよ。豆電球でもいいから世の中に明かりを灯してやるんだ」と、付け加えてみましょう。

そのプラスワンが、悲しいイメージをかき消して、子どもの心によい自己イメージ、未来イメージを残してくれるのです。

第四編　その３で伝えたかったこと

★　子育ての目的を定めましょう。幸せは、子育ての究極の目的とも言えます。目的のための手段として、親子の関わりを考えていきましょう。

★　子育ては、子どもの将来のためにするものです。子どもが受け取ることが大事です。「自分がどれだけ正しいことを言うか」ではなく、「自分の言葉や行動から、子どもが何を学ぶか」に目を向けましょう。

★　同じことを伝えるにも、よりよい手段、より有効な手段を選んでいくことが必要です。直球よりも、山なりボールで、幸せな物の見かたにつながる回路を多く作ってあげましょう。

★　厳しい時代だからこそ、子どもの心によい自己イメージ、未来イメージを作り、幸せに気づくよい「偏見」を作ってあげましょう。

★　誤って悪いイメージを描かせたときには「プラスワン」でよいイメージを付け加え、よいイメージを心に残してあげましょう。

おわりに

最後まで読んでくださって、本当にありがとうございます。
この本では、私が数年にわたって学び、考え、多くの方から教わってきたことをできるだけお伝えしました。
今日から全てを実践できなくても、慌てることはありません。
まずは知ることから始まります。

こんな逸話があります。

✽　✽　✽

あるとき、お釈迦様が一人の弟子に問いかけました。
「二人の男が同じ悪いことをした。一人の男は、悪いことと知りながらした。もう一人の男は、悪いことと知らずにした。どちらが罪深いと思うかね？」
弟子は答えました。
「悪いと知りながら、悪いことをした人です。」
続けて、お釈迦様は問いかけました。
「熱く焼けた鉄の火箸がある。熱いと知りながらこの箸を握るのと、熱いと知らずにこの箸を握るのは、どちらが大けがをするかね？」
弟子は答えました。

「熱いと知らずに握った場合です。」
　お釈迦様はうなずいて言いました。
「そのとおりだ。熱いと知っていれば、慎重に触ろうとする。やけどをしてもすぐに手当てができる。熱いと知らなければ、勢いよく火箸を握り、大火傷をすることだろう。知らずに犯す罪ほど、罪深いものはない。その害は大きく、改めようともしないからだ。」

✿　✿　✿

　知識を持たなかったために大事な心を育てようとせず、子どもの幸せを奪ってしまうのは、熱いと知らずに、我が子に焼けた火箸を握らせ続けることと同じです。「知る」ことができた今、何も知らずに鉄の火箸を握らせ続けることはなくなりました。
　子育ては長丁場です。間違いを繰り返しながらも、しっかりとした知識を持ち、目的を見据えながら、「５度上」を目指して、親も、子も、少しずつ成長していけば、必ず未来は応えてくれます。

　私もまた、過ちを繰り返しながらも、子どもたちの幸せな未来を信じ、子育てをしている一人です。

厳しい時代にも、大きな変化の中でも、一人でも多くのお子さんと親御さんがたくさんの幸せを見つけ、笑顔で生きていけることを、そして、子どもたちの生きる未来が感謝と希望に溢れたものになることを、心から願ってやみません。

最後に、この本の出版を支えてくださった皆様に、心からの感謝を申し上げます。

平成24年2月

内藤 由佳

【著者プロフィール】

内藤由佳（ないとう　ゆか）

1978年生。２児の母。
東京大学法学部卒業後、裁判官となり、東京・高知の裁判所に勤務。高知の裁判所で、少年非行事件を担当。
息子が自閉症と診断され、支援が必要となったため、退職。退職後は、地域で講演活動を行い、心育ての知識を紹介している。

転ばぬ先のこそだて

＊定価はカバーに表示してあります。

2012年４月 １日　初版第１刷発行
2019年５月 12日　初版第２刷発行

著　者　内 藤 由 佳
編集人　清 水 智 則
発行所　エール出版社

〒101-0052　東京都千代田区神田小川町 2-12
信愛ビル４F
e-mail：info@yell-books.com
電話　03(3291)0306
FAX　03(3291)0310
振替　00140-6-33914

ISBN978-4-7539-3113-2